Radfernweg
Berlin – Kopenhagen

Ein original *bikeline*-Radtourenbuch

Esterbauer

bikeline®-Radtourenbuch
Radfernweg Berlin – Kopenhagen
© 2002-2008, **Verlag Esterbauer GmbH**
A-3751 Rodingersdorf, Hauptstr. 31
Tel.: +43/2983/28982-0, Fax: -500
E-Mail: bikeline@esterbauer.com
www.esterbauer.com
4., überarbeitete Auflage 2008
ISBN: 978-3-85000-093-2

Bitte geben Sie bei jeder Korrespondenz die Auflage und die ISBN an!

Erstellt in Zusammenarbeit mit Tourismus-Marketing Brandenburg GmbH (TMB), Tourismusverband Mecklenburg-Vorpommern (TMV) und Østdansk Turisme (OT). Abdruck der Logos mit freundlicher Genehmigung von Tourismus-Marketing Brandenburg GmbH (TMB), Tourismusverband Mecklenburg-Vorpommern (TMV) und Østdansk Turisme (OT).

Dank an alle, die uns bei der Erstellung dieses Buches tatkräftig unterstützt haben, auf Seite 152
Das *bikeline*-Team: Birgit Albrecht, Heidi Authried, Beatrix Bauer, Michael Bernhard, Michael Binder, Veronika Bock, Karin Brunner, Nadine Dittmann, Sandra Eisner, Roland Esterbauer, Angela Frischauf, Jutta Gröschel, Dagmar Güldenpfennig, Carmen Hager, Karl Heinzel, Heidi Huber, Peter Knaus, Martina Kreindl, Sonja Landauer, Niki Nowak, Adele Pichl, Petra Riss, Gaby Sipöcz, Matthias Thal, Wolfgang Zangerl.

Umschlagbilder: Østdansk Turisme, VisitDenmark
Bildnachweis: Birgit Albrecht: 7, 8, 51, 54, 56, 64, 66, 72, 76, 102, 104, 126, 132; Berlin Tourismus Marketing GmbH: 20; Berlin Tourismus Marketing GmbH: 21, 22, 25, 26; Dagmar Güldenpfennig: 17, 24; Fremdenverkehrsverein Rheinsberger Seenplatte: 47; FW Güstrow: 82, 86; Hansestadt Rostock: 88, 92, 94; Liebenwalder Tourismusverein e.V.: 36; Michael Cramer: 28; Østdansk Turisme: 118; R.Legrand: 84; Stadt Waren: 70, 71; Tourismus-Marketing Brandenburg GmbH: 37, 40, 48; Tourismus-Marketing Brandenburg GmbH, Naturparkverwaltung Westhavel: 34; Tourismusverband Mecklenburg-Vorpommern: 74; Tourismusverband Mecklenburg-Vorpommern, Hoffmann: 50; Tourismusverband Mecklenburg-Vorpommern, Topel, 60; Tourismusverein Oranienburg: 32; Touristinformation Krakow am See: 80, 81; Touristinformation Neustrelitz, Herbert Krüger: 59; Turisme region syd: 7, 88, 98, 100, 108, 110, 112, 116, 120, 124, 130; Werk 3, Duerst: 90; WInTO GmbH, Ziegeleipark, Ziegeleipark: 42; Wonderful Copenhagen, C. v. Roeden: 136, 137, 138; Wonderful Copenhagen, Klaus Bentzen: 134;

bikeline® und *cycline*® sind eingetragene Warenzeichen; Einband patentrechtlich geschützt. Alle Daten wurden gründlich recherchiert und überprüft. Erfahrungsgemäß kann es jedoch nach Drucklegung noch zu inhaltlichen und sachlichen Änderungen kommen. Alle Angaben ohne Gewähr. Alle Rechte vorbehalten. Kein Teil dieses Buches darf in irgendeiner Form ohne schriftliche Genehmigung des Verlages reproduziert oder unter Verwendung elektronischer Systeme verarbeitet, vervielfältigt oder verbreitet werden.

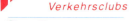

bikeline

Was ist bikeline?

Wir sind ein Team von Redakteuren, Kartografen, Geografen und anderen Mitarbeitern, die allesamt begeisterte Radfahrerinnen und Radfahrer sind. Ins „Rollen" gebracht hat das Projekt 1987 eine Wiener Radinitiative, die begonnen hat Radkarten und Radbücher zu produzieren. Heute tun wir dies als Verlag mit großem Erfolg. Mittlerweile gibt's bikeline® und cycline® Bücher in fünf Sprachen und in vielen Ländern Europas.

Um unsere Bücher immer auf dem letzten Stand zu halten, brauchen wir auch Ihre Hilfe. Schreiben Sie uns, wenn Sie Unstimmigkeiten oder Änderungen in einem unserer Bücher entdeckt haben.

Wir freuen uns auf Ihre Rückmeldung (redaktion@esterbauer.com),

Ihre bikeline-Redaktion

Vorwort

Der internationale Radweg Berlin – Kopenhagen bietet genau die Mischung von Kultur und Natur, die das Herz eines jeden Radreisetouristen höher schlagen lässt. Nach dem glanzvollen Auftakt Ihrer Tour in Berlin haben Sie viel Zeit die Seele baumeln zu lassen und die Natur zu genießen. In Brandenburg und Mecklenburg-Vorpommern säumen Schlösser, Herrenhäuser und Klöster den Radweg. Die Seen laden zu einer Bootspartie und zum Baden ein. Nach der Fährfahrt vom Überseehafen Rostock erwartet Sie die kontrastreiche dänische Ostseeküstenlandschaft, schroffe und bizarre Küstenabschnitte gehen in weiße Sandstrände über. Kulturelles gibt es auch hier zu entdecken, idyllische Dörfer, Burgen, Schlösser und Großsteingräber. Ziel des Radfernweges ist die dänische Hauptstadt mit ihrem weltoffenen Flair und ihrem lebendigen Stadtleben – viel Spaß!

Präzise Karten, genaue Streckenbeschreibungen, zahlreiche Stadt- und Ortspläne, Hinweise auf das kulturelle und touristische Angebot der Region und ein umfangreiches Übernachtungsverzeichnis – in diesem Buch finden Sie alles, was Sie zu einer Radtour zwischen Berlin und Kopenhagen brauchen – außer gutem Radlwetter, das können wir Ihnen nur wünschen.

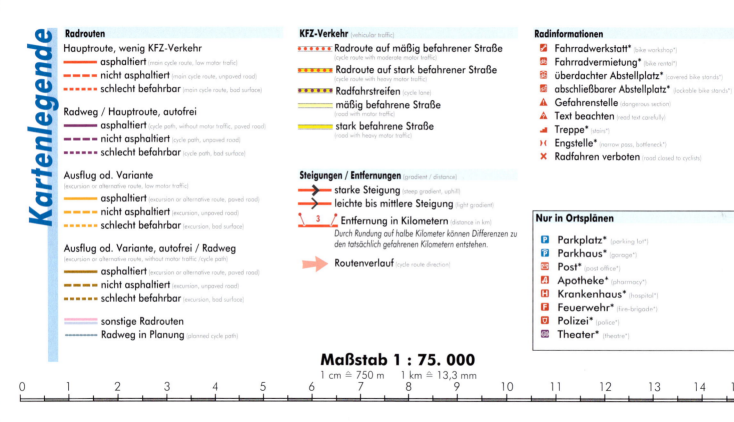

Wichtige bzw. sehenswerte thematische Informationen

Schönern sehenswertes Ortsbild (picturesque town)
( ) Einrichtung im Ort vorhanden (facilities available)
Hotel, Pension (hotel, guesthouse)
Jugendherberge (youth hostel)
Campingplatz (camping site)
Naturlagerplatz* (simple tent site*)
Tourist-Information (tourist information)
Einkaufsmöglichkeit* (shopping facilities*)
Kiosk* (kiosk*)
Gasthaus (restaurant)
Rastplatz* (resting place*)
Unterstand* (covered stand*)
Freibad (outdoor swimming pool)
Hallenbad (indoor swimming pool)
Kirche, Kloster (church, monastery)
Schloss, Burg (palace, castle)
Ruine (ruins)
Museum (museum)
Ausgrabungen (excavation)
andere Sehenswürdigkeit (other place of interest)
Tierpark (zoo)
Naturpark (nature reserve)
Aussichtspunkt (panoramic view)
Fähre (ferry)

* Auswahl (* selection)

Topographische Informationen

Kirche (church)
Kapelle (chapel)
Kloster (monastery)
Schloss, Burg (castle)
Ruine (ruins)
Turm (tower)
Funk- und Fernsehanlage (TV/radio tower)
Kraftwerk (power station)
Umspannwerk (transformer)
Windmühle (windmill)
Windkraftanlage (windturbine)
Wegkreuz (wayside cross)
Gipfel (peak)
Bergwerk (mine)
Leuchtturm (lighthouse)
Sportplatz (sports field)
Denkmal (monument)
Flughafen (airport, airfield)
Schiffsanleger (boat landing)
Quelle (natural spring)
Kläranlage (purification plant)

Staatsgrenze (international border)
Grenzübergang (border checkpoint)
Landesgrenze (country border)
Wald (forest)
Felsen (rock, cliff)
Vernässung (marshy ground)
Weingarten (vineyard)
Friedhof (cemetery)
Watt (shallows)
Dünen (dunes)
Wiesen*, Weiden* (meadows)
Damm, Deich (embankment, dyke)
Staumauer, Buhne (dam, groyne, breakwater)
Autobahn (motorway)
Hauptstraße (main road)
untergeordnete Hauptstraße (secondary main road)
Nebenstraße (minor road)
Fahrweg (carriageway)
Fußweg (footpath)
Straße in Bau (road under construction)
Eisenbahn m. Bahnhof (railway with station)
Schmalspurbahn (narrow gage railway)
Brücke; Tunnel (bridge; tunnel)

Inhalt

3	Vorwort	
4	Kartenlegende	
6	Der Radfernweg Berlin-Kopenhagen	
14	Zu diesem Buch	
16	**Von Berlin nach Neustrelitz**	**181 km**
26	Variante am Kanal entlang	11 km
27	Vom Bahnhof Berlin-Spandau nach Berlin-Hakenfelde	4,5 km
38	Naturparktour	3,5 km
38	Ausflug nach Gransee	30,5 km
44	Ausflug nach Rheinsberg	37 km
54	Ausflug nach Rheinsberg	21 km
63	**Von Neustrelitz nach Rostock**	**207 km**
72	Ausflug zum Schloß Klink	14 km
96	**Von Gedser nach Præstø**	**127,5 km**
98	Ausflug nach Marielyst	8 km
102	Ausflug zum Schloss Korselitse	4 km
106	Ausweichroute über Vordingborg	47,5 km
112	Verkehrsarme Variante nach Koster	12 km
117	**Von Præstø nach Kopenhagen**	**135,5 km**
122	Ausflug nach Store Heddinge	7 km
126	Ausflug nach Valløby	5,5 km
139	**Übernachtungsverzeichnis**	
151	**Ortsindex**	

Der Radfernweg Berlin-Kopenhagen

„Mit dem Rad über Land und Meer" – das ist das Motto, mit dem die Kooperationspartner für den Radfernweg Berlin – Kopenhagen oder København – Berlin, wie er in der Gegenrichtung heißt, werben. Es ist von Anfang bis Ende ein „grün-blauer" Radweg. Grün wegen der Parks in Berlin und Kopenhagen und der naturnahen Wälder, durch die der Radfernweg verläuft, und blau wegen des vielen Wassers, das Sie nach Dänemark überqueren und an dessen Ufern sich der Radfernweg entlang schlängelt. Sie durchfahren den Naturpark Stechlin – Ruppiner Land im Norden Brandenburgs, gelangen über die Landesgrenze zu Mecklenburg-Vorpommern in den Müritz-Nationalpark und später in den Naturpark Nossentiner - Schwinzer Heide. In Dänemark geht es durch die küstennahen Landschaften entlang der dänischen Ostseeküste. Neben dem Naturerlebnis wird Ihnen viel Kulturelles in beiden Hauptstädten und auch entlang der Strecke begegnen: zum Beispiel in den alten Residenzstädten in Brandenburg und Mecklenburg-Vorpommern und in Dänemark mit den vielen Schlössern und Stein- und Hügelgräbern.

Streckencharakteristik

Länge
Die Länge des Radfernweges Berlin – Kopenhagen beträgt vom Bahnhof Berlin-Friedrichstraße bis zum Hauptbahnhof Kopenhagen etwas über **650 Kilometer**. Die Varianten und Ausflüge haben eine Länge von etwas über 190 Kilometern.

Wegequalität und Verkehr

In **Deutschland** ist ein deutlicher Unterschied zwischen dem Ausbauzustand der Wege in Brandenburg und Mecklenburg-Vorpommern zu verzeichnen. In **Brandenburg** führt der Radfernweg Berlin – Kopenhagen durch den Landkreis Oberhavel. Hier sind gut 90% der Strecke als Fahrradstraße, teilweise für Anlieger freigegeben, oder als Radweg ausgebaut worden und sehr gut zu befahren. Die restliche Strecke führt überwiegend auf ruhigen Nebenstraßen und nur an sehr kurzen Abschnitten über verkehrsreiche Straßen wie zum Beispiel bei Marienthal. In **Mecklenburg-Vorpommern** ist in den vergangenen Jahren sehr viel am Ausbauzustand verbessert worden. Lange, beschwerliche Sandwege mit tiefen Schlaglöchern gehören der Vergangenheit an. Auf schlechter zu befahrene Wege (am Woblitzsee bei Wesenberg), Kopfsteinpflasterstraße und Betonspurbahnen stoßen Sie in kurzen Abschnitten auch weiterhin. In Mecklenburg-Vorpommern fahren Sie überwiegend auf ruhigen Nebenstraßen, Radwegen und Wirtschaftswegen. Häufiger als in Brandenburg

Logo Radfernweg Berlin-Kopenhagen

fahren Sie auf verkehrsreichen Verbindungsstraßen (wie bei Jabel).

In **Dänemark** verläuft der Radfernweg auf dem gut ausgebauten Nationalroutennetz. Die Radroute nutzt die ruhigen Nebenstraßen und Radwege, die entlang verkehrsreicher Straßen besonders komfortabel ausgebaut sind, sowie unbefestigte, gut befahrbare Strand- und Küstenwege, besonders schön auf Falster und zwischen Ishøj und Kopenhagen. Streckenabschnitte auf verkehrsreicheren Straßen von 6 bis 7 Kilometern Länge erwarten Sie zum Beispiel auf der Insel Møn (von der Fähre Bogø nach Store Damme, von Stege nach Kalvehave) und zwischen Præstø und Faxe Ladepladz. Die vor Jahren geplanten Radwege werden vorerst leider noch nicht gebaut. Für die Strecke zwischen Bogø und Store Dame sowie Stege nach Kalvehave haben wir eine schöne Alternativstrecke ausgesucht, zwischen Præstø und Faxe Ladesplads ist eine Alternativstrecke ohne große Umwege leider nicht möglich.

Beschilderung

Die Beschilderung beginnt noch nicht in der Berliner Innenstadt sondern erst ab der Landesgrenze zu Brandenburg in Spandau. Die Beschilderung in der Innenstadt soll bis Ende 2008 erfolgt sein.

In **Deutschland** ist die gesamte Strecke in beide Richtungen durchgehend und einheitlich mit dem Logo des Radfernweges beschildert. Die Schilder in **Brandenburg** und **Mecklenburg-Vorpommern** unterscheiden sich lediglich in Größe und Aufstellungsentfernung zum nächsten Abzweig.

In **Dänemark** ist der Radfernweg bis kurz vor Kopenhagen als Nationalroute 9 ausgeschildert, in Kopenhagen folgen Sie der Nationalroute 6. Das Logo des Radfernweges, das Sie von allen Radwegschildern in Deutschland bereits kennen, suchen Sie hier vergebens. Die Beschilderung mit der roten Nummer auf blauem Untergrund ist allerdings so gut, dass hier keine Missverständnisse auftreten werden.

Nationalroutenbeschilderung Dänemark

Tourenplanung

Zentrale Homepage
www.bike-berlin-copenhagen.com

Zentrale Infostellen
Berlin Tourismus Marketing GmbH, Service Center – Hotel, Tickets, Info unter ✆ 030/250025, Liste der Infostores, siehe Berlin-Mitte, information@btm.de, www.visitberlin.de
TMB – Tourismus-Marketing Brandenburg GmbH, Informations- und Buchungsservice, Am Neuen Markt 1 – Kabinetthaus, D-14467 Potsdam, Tel.: 0331/29873-0, Fax: -73, tmb@reiseland-brandenburg.de, www.reiseland-brandenburg.de
Tourismusverband Mecklenburg-Vorpommern e. V., Platz der Freundschaft 1, D-18059 Rostock, Tel.: 0180/5000223 (0,12 €/Min.), Fax: 0381/4030555, info@auf-nach-mv.de, www.auf-nach-mv.de
Østdansk Turisme, Banegårdspladsen 2, DK-4700 Næstved, Tel.: 0045/54861348, Fax: 0045/54854016, info@visiteastdenmark.com, www.visiteastdenmark.com
VisitDenmark - Dänemarks offizielle Tourismuszentrale, Glockengiesserwall 2, D-20095 Hamburg, Tel.: 01805/326463 (0,14 €/Min.), Fax: 040/65031930, daninfo@visitdenmark.com, www.visitdenmark.com

Weitere Infostellen
ADFC LV Berlin e. V., Brunnenstr. 28, D-10119 Berlin, ✆ 030/4484724, Fax: 27014363, kontakt@adfc-berlin.de, www.adfc-berlin.de
Dansk Cyclist Forbund (Dänischer Radfahrerverband), Rømersgade 5, DK-1362 Kopenhagen K., ✆ 0045/33323121, Fax: 0045/33327683, dcf@dcf.dk, www.dcf.dk

Internationale Vorwahlen:
Deutschland: 0049
Dänemark: 0045
Bitte beachten Sie, dass es innerhalb von Dänemark keine Ortsvorwahlen gibt, sondern lediglich achtstellige Telefonnummern, d. h. Sie wählen in Dänemark keine Null vor, sondern lediglich die Nummer nach der Internationalen Vorwahl.

Umrechnungskurs
1 € = etwa DKK 7,10
1 DKK = etwa € 0,13
(je nach Tageskurs)

Anreise & Abreise

Mit der Bahn
Informationsstellen:
Deutschland:
Deutsche Bahn AG, www.bahn.de,
Radfahrer-Hotline Deutschland: ✆ 01805/151415 (€ 0,14/Min.), Mo-So 8-20 Uhr, Infos über Fahrradmitnahme, -vermietung oder -versand.
ReiseService: ✆ 11861 (€ 0,03/Sek., ab Weiterleitung zum ReiseService € 0,39/angef. Min.), Mo-So 0-24 Uhr, Auskünfte über Zugverbindungen, Fahrpreise im In- und Ausland, Buchung von Tickets und Reservierungen www.bahn.de.
Automatische DB-Fahrplanauskunft:
✆ 0800/1507090 (gebührenfrei)

Hermes-Privat-Service: ☏ 0900/1311211 (€ 0,60/Min.), www.hermes-logistik-gruppe.de unter der Rubrik Paketservice erfahren Sie die genauen Zustellzeiten und die aktuellen Preise.

Dänemark:
DSB – Dänische Staatsbahnen:
☏ 0045/70131415 (Service-Inland), ☏ 0045/70131416 (Service-International, englisch), Reservierungen, Fahrplanauskünfte, Fahrpreise, Fahrradmitnahme, Stellplatzreservierungen, www.dsb.dk.

Die **Anreise mit der Bahn nach Berlin** ist von allen deutschen Großstädten mit regelmäßigen ICE-Verbindungen unkompliziert möglich. Wenn Sie jedoch Ihr Fahrrad im Zug mitnehmen wollen, dann müssen Sie die in den letzten Jahren stark reduzierten IC-Verbindungen wählen und meist mehrfach umsteigen. Empfehlenswert ist die bequeme Anreise mit dem Nachtzug (City Night Line), der eine Fahrradmitnahme ermöglicht. Ausgeschlafen kommen Sie morgens in Berlin an und können nach einem Frühstück Ihre Tour starten.

Die **Abreise mit der Bahn von Kopenhagen** gestaltet sich etwas komplizierter. Mit dem Fahrrad können Sie nur wenige bequeme Nachtzugverbindung nutzen (nach Amsterdam, München und Basel). Ansonsten steigen Sie bei Nutzung der normalen Verbindungen allein in Dänemark zweimal um, um über Flensburg die nächsten größeren Umsteigebahnhöfe in Hamburg oder Neumünster zu erreichen. Nach Berlin sind es mindestens dreimal, bis München müssen Sie im schlechtesten Fall schon einmal mit sechs Umsteigebahnhöfen rechnen. Das hängt damit zusammen, dass die Zugverbindungen von Kopenhagen nach Deutschland automatisch über Hamburg berechnet werden, wenn man die Reiseauskunft der Bahn im Internet abfragt.

Tipp: Eine Alternative im Hinblick auf's Umsteigen ist es (außer für diejenigen, die im nordwestdeutschen Raum zu Hause sind), mit dem Regionalzug von Kopenhagen nach Gedser zu fahren. Der Zug verkehrt durchgehend einmal täglich morgens, Fahrtdauer zirka 2 Stunden, weiter geht es mit der Fähre von Gedser nach Rostock. Von Rostock Hbf. fährt alle zwei Stunden ein Regionalexpress ohne Umsteigen nach Berlin. Am frühen Abend kommen Sie in Berlin an und können Ihre Heimreise fortsetzen – macht insgesamt zweimal statt sechsmal Umsteigen.

Fahrradtransport
Fahrradmitnahme:

In Deutschland: Es gibt täglich mehrere Abfahrten von verschiedenen deutschen Bahnhöfen mit Fernverkehrszügen, viele davon bieten den Service der Fahrradmitnahme an. Diese Züge sind in Fahrplänen, Kursbüchern etc. entsprechend gekennzeichnet.

In vielen **InterCity- und Euro-City-Zügen** ist der Transport im Tagesreiseverkehr problemlos. Im **UrlaubsExpress (UEx)** und im **DB Nacht-Zug (NZ)** ist die Mitnahme auf den meisten Linien ebenfalls möglich (gegen Kauf einer Fahrradkarte). Eine Stellplatzreservierung ist erforderlich, diese ist kostenlos.

Die **CityNightLine** bietet auf allen Linien eine Fahrradbeförderung an. Räder aller Art werden (auch ohne spezielle Verpackung) gegen einen Preis von € 10,– (innerdeutsch € 9,–, für Bahn-Card-Besitzer € 6,–) mitgenommen. Ausnahme: Tandemräder werden nur auf Anfrage transportiert und für Fahrradanhänger müssen Sie einen eigenen Stellplatz buchen. Die Reservierung ist kostenlos, muss jedoch im Voraus erfolgen.

In Dänemark:
Die direkte Fahrradmitnahme ist ähnlich wie in

Deutschland in fast allen Fern- und Nahverkehrszügen möglich. Die Züge, in denen die Mitnahme angeboten wird, sind auf dem Abfahrtsplan entsprechend gekennzeichnet. In den Fernzügen (InterCity und InterCityLyn) ist in der Zeit von Mai bis Ende August eine Stellplatzreservierung erforderlich, außerhalb dieser Zeit ist eine Stellplatzreservierung empfehlenswert, die Stellplatzreservierung kostet 20,– DKK. In den Nahverkehrszügen (Regionaltog, Gedser – Kopenhagen) und der S-Bahn (S-tog, z.B. von Ishøj nach Kopenhagen) beachten Sie bitte die Sperrzeiten Mo-Fr 7-8.30 Uhr und 15.30-17 Uhr, in denen kein Fahrrad mitgenommen wird. Eine Stellplatzreservierung ist dort nicht möglich. Hier hängt die Mitnahmemöglichkeit von den vorhandenen Stellplätzen ab. Tandems können mitgenommen werden, sofern eine zweite Fahrradkarte erworben wurde. Kinderanhänger hingegen können nur mitgenommen werden, sofern sie zusammenklappbar und die Räder demontierbar sind. Sie gelten dann als Handgepäck.

Die Fahrradkarte kostet in der S-Bahn DKK 12,– und ist zwei Stunden gültig, in der Regionalbahn sowie den InterCity- und InterCityLyn-Zügen richtet sich der Fahrpreis nach den durchzufahrenden Tarifzonen, z. B. 1-7 Zonen = DKK 10,– , 8-14 = DKK 20,– usw. Etwas billiger wird es für Gruppen und bei größeren Entfernungen mit der in allen Zonen gültigen 10er-Streifenkarte zu DKK 105,–. Die internationale Fahrradkarte kostet € 10.50.

Fahrradversand:
Innerhalb der jeweiligen Länder funktioniert der Fahrradversand ohne Komplikationen. Grenzüberschreitend ist der Versand jedoch nicht möglich.

In Deutschland wird der Versand über den KurierGepäck-Service abgewickelt. Er bringt Ihr Fahrrad und auch das andere Gepäck von Haus zu Haus, d. h. Sie benötigen für die Abholung und Zustellung eine Privatadresse. Dieser Service kann vor der Anreise bei allen DB-Verkaufsstellen gebucht werden. Die Zustellung erfolgt innerhalb von Deutschland binnen zwei Werktagen. Das KurierGepäck-Ticket kaufen Sie am besten gleich mit Ihrer Fahrkarte oder Sie bestellen es beim Hermes-Privat-Service (s. Infostellen). Sonderräder wie Tandems, Liege- oder Dreiräder können wegen ihrer größeren Abmessungen nicht transportiert werden. Zustellung bzw. Abholung: Mo-Fr 8-18 Uhr (Spätservice 17-21 Uhr), Sa 8-18 Uhr.

Bei Abholung muss das Fahrrad transportgerecht verpackt sein. Der Kurierfahrer bringt Ihnen auf Wunsch eine Mehrwegverpackung zum Preis von € 5,10 gerne mit.
KurierGepäck-Preise innerhalb Deutschlands:
erstes und zweites Rad   je € 24,90
drittes und viertes Rad   je € 18,90
(bei gleicher Abhol- und Lieferadresse)
Aufpreis für Spätservice   € 6,30
Wenn Sie Ihr Fahrrad mit dem Hermes-Privat-Service unabhängig von einem Bahnticket versenden möchten, dann kostet das € 39,90.

In Dänemark:
Für den Fahrradversand von Haus zu Haus innerhalb Dänemarks erhalten Sie Informationen über **DSB Stykgods**, ☎ 0045/33151944.

An- und Abreise mit dem Flugzeug
Ein Großteil der Fluggesellschaften bietet den Service eines Fahrradtransportes an.
Für die Anreise nach Berlin können Sie sich bei den Berliner Flughäfen informieren, ☎ 0180/5000186 (€ 0,14/Minute), www.berlin-airport.de. Je nach Ankunftsflughafen erreichen Sie die Innenstadt bequem mit S- oder U-Bahn. Sollten Sie in Tegel (TXL) ankommen,

müssen Sie allerdings ein kurzes Stück zum nächsten Bahnhof radeln.

Für die Abreise vom Flughafen Kopenhagen-Kastrup können Sie sich auf der Seite www.cph.dk (in englischer Sprache) informieren. Auch dieser Flughafen ist mit öffentlichen Verkehrmitteln zu erreichen.

Tipp: Bei den meisten Fluggesellschaften herrscht Verpackungspflicht. Fahrradkartons können allerdings nur bei wenigen Fluggesellschaften vorbestellt werden. Viele Fahrradhändler haben alte Fahrradkartons, die Sie gerne abgeben. Mit vor Ort gekauftem Klebeband lässt sich einfach eine Verpackung für Ihr Rad zaubern. Sollten Sie nicht den öffentlichen Nahverkehr zum Flughafen nutzen wollen, vergessen Sie nicht, sich ein Großraumtaxi vorzubestellen.

Rad & Bahn entlang der Strecke
Infostellen
Berlin: Verkehrsverbund Berlin Brandenburg GmbH, Hardenbergpl. 2, D-10623 Berlin, ✆ 030/25414141 oder ✆ 01805/822662 (€ 0,12/Minute), Fax: 030/25414-112, info@vbbonline.de, www.vbb-online.de
Rostock: DB, ✆ 0800/1507090 (kostenlos)
Dänemark: DSB, Sølvgade 40, DK-1349 København K, ✆ 0045/33141701, dsb@dsb.dk, www.dsb.de.
Müritz Nationalpark Ticket: Personenverkehr GmbH Müritz, Strelitzer Str. 137, ✆ 03991/645-0, www.nationalparkticket.de

Entlang der Strecke haben Sie vielfach die Möglichkeit, auf die S-Bahn oder auf Regionalzüge umzusteigen, so zum Beispiel in Berlin. Von Berlin-Mitte kommen Sie bequem mit der S 5/ S 75 oder der Regionalbahn nach Berlin-Spandau und fahren von dort auf der alternativen Anfahrtsvariante bis zum Radfernweg in Berlin-Hakenfelde. Für diejenigen, die dem Großstadttrubel schnell entkommen möchten, bietet sich die Fahrt mit der S 1 oder der Regionalbahn nach Hennigsdorf oder Oranienburg an. Verkürzen können Sie Ihre Radreise auch zwischen Güstrow und Rostock. Hier verkehrt stündlich die S 2 und der Regionalexpress der Ostmecklenburgischen Eisenbahn GmbH. In Dänemark ist das Umsteigen vom Rad auf die Bahn zwischen Nykøbing und Kopenhagen sowie zwischen Køge und Kopenhagen möglich.

Für die Mitnahme eines Fahrrades benötigen Sie in Deutschland in der Regel eine Fahrradkarte, in

Dänemark eine Streifenkarte für den Regionalzug, siehe „Fahrradmitnahme in Dänemark". Wenn Sie noch etwas an der Müritz verweilen wollen, können Sie im Bereich des Nationalparks das **Müritz Nationalpark Ticket** nutzen, das auf allen Bus- und Schiffslinien im Nationalpark gilt (Tageskarte € 7, mit Schiff: € 14,-). Die Fahrradmitnahmen ist inklusive. Tickets erhalten Sie auf allen Linien im Verbund.

Rad & Schiff
Auf dem Radfernweg Berlin – Kopenhagen können Sie zwei Fährverbindungen nutzen.
Scandlines bringt Sie mit der **Fähre Rostock (D) – Gedser (DK)** von Deutschland nach Dänemark. Die Fähre verkehrt täglich zwischen 6.30 Uhr und 23.45 Uhr. Die Dauer der Überfahrt beträgt 2 Stunden. Bitte beachten Sie, dass Sie eine halbe Stunde vor Abfahrt der Fähre einchecken müssen! Reservierungen und weitere Informationen erhalten Sie bei der **Reederei Scandlines**, ☏ 01805/116688 (€ 0,14/min).
Die **Fähre Stubbekøbing/Bogø** verkehrt nur im Sommerhalbjahr von Anfang/Mitte Mai bis Anfang September sowie während der dänischen Herbstferien im Oktober (meist Kalenderwoche 42). Die Überfahrt dauert 12 Minuten. Informationen erhalten Sie unter **Fähre Bogø-Stubbekøbing**, Bogø Havn O, DK-4793 Bogø By, ☏ 0045/55363636, trafikhavn@vordingborg.dk www.vordingborg.dk/cms/site.aspx?p=4375 oder bei **Østdansk Turisme**, siehe „Zentrale Infostellen".

Übernachtung
Bei unseren Recherchen haben wir versucht, eine größtmögliche Auswahl für Sie zusammenzustellen. Für alle, die Alternativen oder einfach noch mehr Anbieter suchen, gibt es nachfolgende Internet-Adressen, die Beherbergungen der etwas anderen Art anbieten:
Der ADFC-Dachgeber: Funktioniert nach dem Gegenseitigkeitsprinzip: Hier bieten Radfreunde anderen Tourenradlern private Schlafplätze an. Mehr darüber unter www.dachgeber.de.
Das **Deutsche Jugendherbergswerk** stellt sich unter www.djh.de mit seinen vierzehn Landesverbänden vor, in Dänemark können Sie sich an **Danhostel – Danmarks Vandrerhjem**, Vesterbrogade 39, DK-1620 Kopenhagen V., ☏ 0045/33313612, www.danhostel.dk wenden. Doppelzimmer in den Danhostels sind durchschnittlich teurer als in deutschen Jugendherbergen. Auch die **Naturfreunde** bieten mit ihren **Naturfreundehäusern** eine Alternative zu anderen Beherbergungsarten, mehr unter www.naturfreunde.de.
Unter www.camping-in.de oder www.campingplatz.de finden Sie für Deutschland flächendeckend den **Campingplatz** nach Ihrem Geschmack. Siehe auch **Bundesverband der Campingwirtschaft in Deutschland e.V.**, Kaiserin-Augusta-Allee 86, 10589 Berlin, ☏ 030/33778320, info@bvcd.de, www.bvcd.de.
Viele Campingplätze in Dänemark vermieten auch „Hütten", die jedoch im Voraus gebucht werden müssen. Informationen zu den dänischen Campingplätzen erhalten Sie beim dänischen Dachverband: **Campingrådet**, Mosedalvej 15, DK-2500 Valby, ☏ 0045/39278844, Fax: 0045/39278044, info@campingraadet.dk, www.campingraadet.dk
Für Übernachtungen auf der überwiegenden Zahl der Campingplätze ist die ein Jahr gültige „Camping Card Scandinavia" notwendig. Sie ist zum Preis von DKK 90,– auf allen Campingplätzen und bei Tourismusstellen erhältlich. Die „EFCO

European Camping Card" beinhaltet die gleichen Leistungen. Sie ist beim Kauf des jährlich erscheinenden Campingführers „Campingplätze in Deutschland" (€ 9,80) als Gutschein enthalten.
Infos zu Naturcampingplätzen (DK: Naturlejrplads), auf denen das Übernachten kostenfrei ist oder höchstens DKK 15,– kostet, gibt die Broschüre „Overnatning i det fri" (Übernachten im Freien), erhältlich unter **www.teltpladser.dk**. Sie finden die Plätze auch auf www.friluftskortet.dk (auf dänisch). Diese Plätze bieten meist Windschutz, Feuerstelle und Toilette, verfügen aber nicht immer über fließend Wasser.
Fahrradfreundliche **Bett & Bike**-Übernachtungsbetriebe entlang der Route sind im Übernachtungsverzeichnis gekennzeichnet. Zusätzliche Informationen zu den beim ADFC gelisteten Beherbergungsbetrieben finden Sie unter www.bettundbike.de.
Brandenburg, die Mecklenburgische Seenplatte sowie die deutsche und dänische Ostseeküste sind beliebte Urlaubsziele. Hier gibt es vor allem Ferienhäuser und Ferienwohnungen, recht teure große Hotels und nur wenige preiswerte Pensionen und Privatzimmer. Es empfiehlt sich, in der Hauptsaison und besonders während der Ferienzeiten beider Länder Zimmer im Voraus zu buchen, damit es nach einer längeren Tagesetappe nicht erst zu einer anstrengenden Quartiersuche kommt.
In Dänemark setzt sich zunehmend „Bed and Breakfast" als Übernachtungsmöglichkeit durch. Diese sind an dem Schild „B&B" zu erkennen. Empfehlenswert ist es auch, das Zelt mit im Gepäck zu führen, da es viele gute Campingplätze gibt.

Mit Kindern unterwegs
Die Tour ist in ihrer gesamten Länge wegen der zwar wenigen, aber recht anstrengenden unbefestigten Wege und wegen der längeren verkehrsreichen Straßenabschnitte in Dänemark erst für selbst fahrende Kinder ab 10-12 Jahren je nach körperlicher Fitness und Straßensicherheit geeignet. Den Radfernweg mit dem Kinderanhänger zu befahren ist vor allen Dingen in Mecklenburg-Vorpommern etwas beschwerlich.

Das Rad für die Tour
Den besten Komfort bieten Reiseräder mit einer auf Ihre Körpergröße abgestimmten Rahmenhöhe. Diese Räder gewährleisten auch bei

großer Beladung des Rades einen ruhigen Lauf und sind mit sehr guten Bremsen, einer Schaltung mit einem großen Übersetzungsbereich und stabilem Gepäckträger ausgestattet.

Der größte Teil des Radfernweges verläuft zwar auf asphaltierten und befestigten Wegen, immer wieder gibt es jedoch auch Streckenabschnitte, auf denen Kopfsteinpflaster, Betonplatten, sandige und sehr holprige Wege das Equipment auf die Probe stellen. Ein Rennrad und andere Räder mit schmaler Bereifung sind für die Tour ungeeignet.

Bekleidung

Für den Spaß beim Rad fahren ist die Beschaffenheit der Bekleidung ganz entscheidend.

In erster Linie gilt das „Zwiebelprinzip": Mehrere Schichten erfüllen verschiedene Funktionen und lassen sich separat tragen und vielfältig kombinieren. Achten Sie dabei immer auf eine gute Passform, da sonst die Funktion versagt. Die unterste Schicht soll Schweiß vom Körper weg führen, darüber folgen bei Bedarf eine wärmende Schicht und zuletzt die äußerste Hülle, die Wind und Regen abhalten, trotzdem aber dampfdurchlässig sein soll.

Als Materialien kommen entweder Kunstfasern (leicht, wenig Feuchtigkeitsaufnahme) oder hochwertige Wolle (etwas schwerer, nimmt aber kaum Geruch an) in Frage. Baumwolle ist als Sportbekleidung weniger geeignet (nimmt viel Feuchtigkeit auf und braucht sehr lange zum Trocknen). Nicht sparen sollte man bei der Radhose, ein gutes Sitzpolster ist hier entscheidend.

Weitere bikeline-Titel der Region:

bikeline-**Radtourenbücher:** Berliner Mauer-Radweg; Radatlas Berlin; Radfernweg Berlin-Usedom; Europa Radweg R1; Spree-Radweg; Radatlas Mecklenburgische Seen; Mecklenburgischer Seen Radweg; Havel-Radweg; Ostseeküsten-Radweg 2; Ostsee-Radweg Dänemark

bikeline-**Radkarten:** Uckermark/Schorfheide/Ruppiner Land; Mecklenburgische Seenplatte; Fischland-Darß/Vorpommern

Radreiseveranstalter

Eurobike, A-5162 Obertrum, ☎ 06219/7444, www.eurobike.at

Die Mecklenburger Radtour, Zunftstr. 4, 18437 Stralsund, ☎ 03831/280220, Fax 280219, www.mecklenburger-radtour.de

Velociped Fahrradreisen, Alte Kasseler Str. 43, 35039 Marburg, ☎ 06421/88689-0, Fax 88689-11, www.velociped.de

Zu diesem Buch

Dieser Radreiseführer enthält alle Informationen, die Sie für den Radurlaub auf dem Radfernweg Berlin – Kopenhagen benötigen: Exakte Karten, eine detaillierte Streckenbeschreibung, ein ausführliches Übernachtungsverzeichnis, Stadt- und Ortspläne und die wichtigsten Informationen zu touristischen Attraktionen und Sehenswürdigkeiten.

Und das alles mit der *bikeline*-**Garantie**: die Routen in unseren Büchern sind von unserem professionellen Redaktionsteam vor Ort auf ihre Fahrradtauglichkeit geprüft worden. Um höchste Aktualität zu gewährleisten, nehmen wir nach der Befahrung Korrekturen von Lesern bzw. offiziellen Stellen bis Redaktionsschluss entgegen, die dann jedoch teilweise nicht mehr an Ort und Stelle verifiziert werden können.

Die Karten

Eine Übersicht über die geographische Lage des in diesem Buch behandelten Gebietes gibt Ihnen die Übersichtskarte auf der vorderen inneren Umschlagseite. Hier sind auch die Blattschnitte der einzelnen Detailkarten eingetragen.

Diese Detailkarten sind im Maßstab 1 : 75.000 erstellt. Dies bedeutet, dass 1 cm auf der Karte einer Strecke von 750 Metern in der Natur entspricht. Zusätzlich zum genauen Routenverlauf informieren die Karten auch über die Beschaffenheit des Bodenbelages (befestigt oder unbefestigt), Steigungen (leicht oder stark), Entfernungen sowie über kulturelle und gastronomische Einrichtungen entlang der Strecke. Durch Rundung der Kilometerangaben auf halbe Kilometer, können Differenzen zu den tatsächlich gefahrenen Kilometern entstehen.

Allerdings können selbst die genauesten Karten den Blick auf die Wegbeschreibung nicht ersetzen. Komplizierte Stellen werden in der Karte mit diesem Symbol ⚠ gekennzeichnet, im Text finden Sie das gleiche Zeichen zur Kennzeichnung der betreffenden Stelle wieder. Beachten Sie, dass die empfohlene Hauptroute immer in Rot und Violett, Varianten und Ausflüge hingegen in Orange dargestellt sind. Die genaue Bedeutung der einzelnen Symbole wird in der Legende auf Seite 4 und 5 erläutert.

Der Text

Der Textteil besteht im Wesentlichen aus der genauen Streckenbeschreibung, welche die empfohlene Hauptroute enthält. Stichwortartige Streckeninformationen werden, zum leichteren Auffinden, von dem Zeichen ~ begleitet.

Unterbrochen wird dieser Text gegebenenfalls durch orangefarbige Absätze, die Varianten und Ausflüge behandeln.

Ferner sind alle wichtigen **Orte** zur besseren Orientierung aus dem Text hervorgehoben. Gibt es interessante Sehenswürdigkeiten in einem Ort, so finden Sie unter dem Ortsbalken die jeweiligen Adressen, Telefonnummern und Öffnungszeiten.

Die Beschreibung der einzelnen Orte sowie historisch, kulturell oder naturkundlich interessanter Gegebenheiten entlang der Route tragen zu einem abgerundeten Reiseerlebnis bei. Diese Textblöcke sind kursiv gesetzt und unterscheiden sich dadurch auch optisch von der Streckenbeschreibung.

Textabschnitte in Violett heben Stellen hervor, an denen Sie Entscheidungen über Ihre weitere Fahrstrecke treffen müssen, z. B. wenn die Streckenführung von der Wegweisung abweicht oder mehrere Varianten zur Auswahl stehen u. ä.

Sie weisen auch auf Ausflugstipps, interessante Sehenswürdigkeiten oder Freizeitaktivitäten etwas abseits der Route hin.

Übernachtungsverzeichnis

Auf den letzten Seiten dieses Radtourenbuches finden Sie zu fast allen Orten entlang der Strecke eine Vielzahl von Übernachtungsmöglichkeiten vom einfachen Zeltplatz bis zum 5-Sterne-Hotel.

Bringt Fahrradfans auf Touren.

Kostenloses Probeheft unter:
0049 (0) 521-559922

TREKKINGBIKE - das moderne Fahrradmagazin für alle Trekkingbiker: 6 x im Jahr erscheinen hier die besten Reise- und Tourentipps, kompetente Kaufberatungen, ausführliche Testberichte sowie faszinierende Fotoreportagen.

Von Berlin nach Neustrelitz　　　　　　181 km

Mit dem Fahrrad geht es zunächst Unter den Linden entlang und durch's Brandenburger Tor, dann immer entlang des Hohenzollernkanals nach Berlin-Spandau. Nach der Stadtgrenze Nieder Neuendorf stoßen Sie auf den ehemaligen Grenzturm an der Berliner Mauer, ein Zeugnis deutsch-deutscher Geschichte. Vor Ihnen liegt nun Brandenburg mit seiner reichen Natur und den einladenden Städten Oranienburg, Zehdenick und Fürstenberg/Havel. Ausflüge bringen Sie in die gut erhaltene, mittelalterliche Stadt Gransee und nach Rheinsberg mit seinem berühmten Schloss. Bei Großmenow überqueren Sie die Landesgrenze nach Mecklenburg-Vorpommern. Ziel der ersten Etappe ist die einstige Residenzstadt Neustrelitz am Zierker See mit ihrem unverwechselbaren Charme.

Auf der ersten Etappe verläuft die Tour überwiegend auf befestigten und unbefestigten Radwegen und Fahrradstraßen sowie ruhigen Nebenstraßen. Für die schlechteren Teilstücke in der Berliner Innenstadt bieten wir Ihnen eine Alternativroute an. Bei Marienthal müssen Sie kurzzeitig auf einem verkehrsreicheren Straßenstück fahren.

Berlin

Vorwahl: 030

- **Berlin Tourismus Marketing GmbH**, Service Center – Hotel, Tickets, Info unter ✆ 250025, www.visitberlin.de

Berlin infostores:
- **Hauptbahnhof**, Europa Platz 1, ÖZ: tägl. 8-22 Uhr.
- **Neues Kranzler Eck**, Kurfürstendamm 21, ÖZ: tägl. 10-20 Uhr.
- **Brandenburger Tor**, Südflügel, Pariser Platz, ÖZ: tägl. 10-18 Uhr
- **Pavillon am Reichstag**, tägl. 10-18 Uhr.
- **JugendKulturService**, Obertrautstr. 55, Kreuzberg (10963), ✆ 2355620 www.jugendkulturservice.de
- **Allgemeiner Deutscher Fahrradclub**, LV Berlin, Brunnenstr. 28, ✆ 4484724, www.adfc-berlin.de, ÖZ: Mo-Fr 12-20 Uhr, Sa 10-16 Uhr. Informationen rund um's Rad, Reisebuchhandlung, Fahrradzubehör, Fahrrad-Selbsthilfewerkstatt, geführte Radtouren.
- **Akademie der Künste**, Pariser Pl. 4, Mitte, ✆ 20057-0, ÖZ: Di-So 11-20 Uhr.
- **Anne Frank Zentrum**, Rosenthaler Str. 39, Mitte, ✆ 288865600, ÖZ: Mai-Sept., Di-So 10-20 Uhr, sonst bis 18 Uhr.
- **Bauhaus-Archiv - Museum für Gestaltung**, Klingelhöferstr. 14, Tiergarten, ✆ 2540020, ÖZ Ausstellung: Mi-Mo 10-17 Uhr.
- **Centrum Judaicum**, Oranienburger Str. 28-30, ✆ 88028-300, ÖZ: Sept.-April, So-Do 10-18 Uhr, Fr 10-14 Uhr, Mai-Aug., So, Mo 10-20 Uhr, Di-Do10-18 Uhr, Fr 10-17 Uhr. Wechselnde Ausstellungen zur Geschichte des Judentums in Berlin.
- **Denkmal für die ermordeten Juden Europas**, Cora-Berliner-Str. 1, Mitte, ✆ 26394336, ÖZ Ort der Information: April-Sept., Di-So 10-20 Uhr, Okt.-März, Di-So 10-19 Uhr; Führungen Sa 11,14 Uhr, So 11,14 und 16 Uhr. Das Stelenfeld steht Besuchern immer offen.
- **Deutsche Guggenheim Berlin**, Unter den Linden 13-15, Mitte, ✆ 2020930, ÖZ: tägl. 10-20 Uhr, Do bis 22 Uhr.

Zitadelle Spandau

- **Deutscher Dom**, Gendarmenmarkt 1, Mitte, ✆ 22730431, ÖZ: Okt.-April, Di-So/Fei 10-18 Uhr, Mai-Sept., Di-So/Fei 10-19 Uhr, Ausstellungen.
- **Deutsches Historisches Museum (DHM) und Pei Bau**, Unter den Linden 2, Mitte, ✆ 20304444, ÖZ: tägl. 10-18 Uhr.
- **Filmmuseum Berlin**, Potsdamer Str. 2, Tiergarten, ✆ 30090359, ÖZ: Di-So 10-18 Uhr, Do 10-20 Uhr.
- **Gedenkstätte Berliner Mauer**, Bernauer Str. 111, Wedding, ✆ 4641030, ÖZ: April-Okt., Di-So 10-18 Uhr, Nov.-März Di-So 10-17 Uhr.
- **Gedenkstätte Deutscher Widerstand**, Stauffenbergstr. 13-14, Tiergarten, ✆ 26995000, ÖZ: Mo-Fr 9-18 Uhr, Do bis 20 Uhr, Sa, So/Fei 10-18 Uhr.
- **Hamburger Bahnhof - Museum für Gegenwart**, Invalidenstr. 50-51, Tiergarten, ✆ 39783412, ÖZ: Di-Fr 10-18 Uhr, Sa 11-20 Uhr, So 11-18 Uhr.

SM

Gästehäuser der Berliner Stadtmission

- mitten in Berlin, nahe Hauptbhf und Radfernweg
- abschließbarer Fahrradraum
- idealer Startpunkt für Fahrradtouren
- Vierbett ab 21 €, DZ ab 36 € pro Person, inkl. Frühstücksbuffet

www.jgh-lehrter-strasse.de
Reservierungen: 0049 30 39835-011

🏛 **Hanfmuseum,** Mühlendamm 5, Mitte, ✆ 2424827, ÖZ: Di-Fr 10-20 Uhr, Sa, So 12-20 Uhr.

🏛 **Haus am Checkpoint Charlie - Mauermuseum,** Friedrichstr. 43-45, Mitte, ✆ 2537250, ÖZ: tägl. 9-22 Uhr.

🏛 **Kulturforum,** Matthäikirchpl. 6, Tiergarten, ✆ 2663660, ÖZ: Di-So 10/11-17/18 Uhr, Do teilweise bis 22 Uhr. **Gemäldegalerie, Kunstbibliothek, Kunstgewerbemuseum, Kupferstichkabinett, Musikinstrumenten-Museum, Neue Nationalgalerie.**

🏛 **Märkisches Museum,** Am Köllnischen Park 5, Mitte, ✆ 30866215, ÖZ: Di, Do-So 10-18 Uhr, Mi 12-20 Uhr. Stadt- und Landesgeschichte von der Frühgeschichte bis zum 19. Jh.

🏛 **Martin-Gropius-Bau,** Niederkirchnerstr. 7, Mitte, ✆ 25486-0, ÖZ: Mi-Mo 10-20 Uhr, Juli-Okt. auch Di.

🏛 **Medizinhistorisches Museum der Charité,** Charitéplatz 1, Mitte, ✆ 450536156, ÖZ: Di, Do, Fr-So 10-17 Uhr.

🏛 **Museum für Kommunikation,** Leipziger Str. 16, Mitte, ✆ 202940, ÖZ: Di-Fr 9-17 Uhr, Sa, So/Fei 11-19 Uhr.

🏛 **Museumsinsel,** Bodestr. 1, Mitte, ✆ 20905555, ÖZ: Mo-So

Siegessäule am Großen Stern

10-18 Uhr, Do bis 22 Uhr. **Altes Museum mit Ägyptischen Museum und Papyrussammlung, Alte Nationalgalerie, Bodemuseum, Pergamonmuseum.**

🏛 **Topographie des Terrors,** Niederkirchner Str. 8, Kreuzberg, ✆ 25486703, ÖZ: Okt.-April 10-18 Uhr, Mai-Sept. 10-20 Uhr. Ausstellung wird im Freien präsentiert.

⛪ **Berliner Dom** (1894-1905), Am Lustgarten 1, ✆ 202690, Mitte, ÖZ: Mo-Sa 9-19 Uhr, So 12-19 Uhr, Kaiserliches Treppenhaus, Kuppelbesichtigung, Führungen.

⛪ **St. Marien-Kirche** (13. Jh.), Karl-Liebknecht-Str. 8, Mitte, ÖZ: April-Okt., tägl. 10-18 Uhr und Nov.-März, tägl. 10-16 Uhr, Führungen. Älteste Kirche in Berlin, in der noch Gottesdienste zelebriert werden.

✱ **Alexanderplatz** mit der **Weltzeituhr**.

✱ **Rotes Rathaus** (1861-69), Rathausstraße, Mitte, Sitz des regierenden Bürgermeisters der Stadt Berlin. Das Rathaus wurde aus roten Klinkerziegeln errichtet, sehenswertes Terrakottafries von 1879 in Höhe der 1. Etage rund um das Haus.

✱ **Nikolaiviertel,** Mitte, im Zweiten Weltkrieg völlig zerstört, wurde das Viertel in den 1980er Jahren originalgetreu rekonstruiert. **Nikolaikirche,** ✆ 24724529, ÖZ: Di und Do-So 10-18

Uhr, Mi 12-20 Uhr. Die Kirche gilt als ältestes Gebäude Berlins. Ihre Grundmauern sind im 12. Jh. entstanden.

✱ Der **Lustgarten** vor dem Alten Museum ist Berlins älteste Gartenanlage, entstanden im Zusammenhang mit dem Bau des ehemaligen Stadtschlosses im 15. Jh. König Friedrich Wilhelm I. ließ 1713 den Garten beseitigen und an dieser Stelle einen Parade- und Exerzierplatz errichten. Nach dem Bau des Alten Museums entstand an dieser Stelle wieder ein Garten, für den Schinkel die Entwürfe lieferte. Die Granitschale (1831) von Carl Cantian hat einen Durchmesser von 7 m und wiegt 76 Tonnen. Die Nationalsozialisten entfernten bis auf wenige Bäume alles Grün und nutzten den Platz für Massenveranstaltungen. Im Jahr 2000 wurde der Lustgarten nach dem Vorbild Schinkels erneut umgestaltet.

✱ Der **Palast der Republik** stand auf einem Teil des Schlossgrundstückes. Der ehemalige Sitz der Volkskammer der DDR war zugleich als Haus des Volkes gebaut, das 15 Restaurants und einen reichen Veranstaltungskalender bot. Derzeit wird das Gebäude abgerissen. Das Gelände soll zwischenzeitlich als Parkanlage gestaltet werden, bis hier zu einem noch nicht abzusehenden Zeitpunkt das Stadtschloss wieder errichtet werden soll.

✱ Die **Neue Wache** (1818) war Wachhaus für die königliche Leibgarde und ist eines der Meisterwerke Karl Friedrich Schinkels. 1930 wurde es zum Reichsehrenmal umgestaltet, zu DDR-Zeiten war es das „Mahnmal für die Opfer des Militarismus und Faschismus", in dem eine ewige Flamme brannte. 1993 wurde erneut umgestaltet, mit einer Skulptur von Käthe Kollwitz wird heute der Opfer des Krieges und der Gewaltherrschaft gemahnt.

✱ **Fernsehturm** (1965-69), Alexanderplatz, Mitte, ✆ 2423333, ÖZ: tägl. 10-24 Uhr. Von dem 368 m hohen Turm hat man eine Weitsicht bis zu 40 km.

✱ **Dorotheenstädtischer- und Friedrichswerderscher Friedhof**, Chausseestr. 126, Mitte, ✆ 4617279, ÖZ: tägl. 8-20 Uhr, im Winter bis 16 Uhr. Letzte Ruhestätte vieler bekannter Persönlichkeiten der vergangenen 200 Jahre.

✱ Der **Gendarmenmarkt** mit dem **Französischen & Deutschen Dom** und dem **Konzerthaus** gilt mit seiner friderizianischen und klassizistischen Prägung als einer der schönsten Plätze Europas.

✱ **Potsdamer Platz**: berühmte Architekten wie Helmut Jahn oder Renzo Piano schufen im Auftrag von Sony und Daimler Chrysler ein neues Stadtzentrum.

✱ **Reichstag**, Platz der Republik, Tiergarten. Sitz des Bundestages, kostenlose Kuppelbesteigung ÖZ: täglich 8-24 Uhr, letzter Einlass 22 Uhr.

✱ **Schloss Bellevue** (1786), Spreeweg 1, Tiergarten. Das Schloss wurde nach Plänen von Philipp Daniel Boumann im Stil des Klassizismus errichtet. Heute ist es Amtssitz des Bundespräsidenten.

✱ **Schlossbrücke**, Lustgarten, Mitte. Eine der schönsten Brücken Berlins mit historischem Geländer und acht überlebensgroßen klassizistischen Doppelfiguren aus Marmor.

✱ **Siegessäule**, Großer Stern, Tiergarten, ✆ 3912961, ÖZ: April-

Berlin – Reichstagkuppel

Okt., Mo-Fr 9.30-18.30 Uhr, Sa-So 9.30-19 Uhr, Nov.-März, Mo-Fr 10-17 Uhr, Sa-So 10-17.30 Uhr. Erinnert an die Kriege von 1864, 1866 und 1870/71.

🚲 **Velotaxi GmbH Berlin**, Schönhauser Allee 8, ✆ 4431940 und 0800/83568294, www.velotaxi.de; von April bis Okt. Touren mit der Fahrrad-Rikscha auf festgelegten Routen durch Berlin.

🚲 **Berlin on Bike**, Kulturbrauerei, Knaackstr. 97, Prenzlauer Berg, ✆ 44048300, www.berlinonbike.de. Geführte Fahrradtouren durch Berlin mit diversen thematischen Schwerpunkten wie z. B. Mauer-Tour, Berlin im Überblick, Osten ungeschminkt etc., www.berlinonbike.de

🚲 **Fahrradservice Kohnke**, Friedrichstr. 133, Mitte, ✆ 4476666

🚲 **velophil**, Alt-Moabit 72, Tiergarten, ✆ 39902-116

🚲 **Christoph Beck**, Goethestr. 79, Charlottenburg, ✆ 31806010, www.faltrad-direktor.de

🚲 **Fahrradstation**, Reservierung ✆ 20454500, Infohotline ✆ 0180/5108000 (0,14 €/Min. aus dem Festnetz der Telekom), www.fahrradstation.de; Verleih von Rädern unter folgenden Adressen möglich: Bahnhof Friedrichstraße, Mitte; Auguststr. 29a, Mitte; Leipziger Str. 56, Mitte; Bergmannstr. 9, Kreuzberg; Kluckstr. 3, Mitte; Goethestr. 46, Charlottenburg; außerdem auch Angebot an geführten Fahrradtouren.

🚲 **zweitrad.touren**, Fehrbelliner Str. 82, Mitte, ✆ 53648289, www.zweitradtouren.de, Angebot an geführten Radtouren

🚲 „**Call a bike**" Service der Deutschen Bahn, Inf. ✆ 07000/5225522 (ab 0,062 €/Min. aus dem Festnetz der Telekom), www.callabike.de. Die Räder der Deutschen Bahn stehen rund um die Uhr an jeder größeren Kreuzung bereit und können per Telefonanruf gemietet und an beliebiger Stelle wieder abgestellt werden. Wer mit Kreditkarte bezahlt, kann sofort losradeln. Wer per Bankeinzug zahlen will, muss sich eine Woche vorher anmelden.

Von Berlin-Mitte nach Nieder Neuendorf 22,5 km

Sie starten Ihre Radtour von Berlin nach Kopenhagen am **Schlossplatz** in Berlin-Mitte. Vom **Schlossplatz** auf die Radspur der Straße

Unter den Linden wechseln und geradeaus bis zum Brandenburger Tor.

Brandenburger Tor

✱ Das **Brandenburger Tor** ist als berühmtestes Bauwerk Berlins das Wahrzeichen der Stadt. Ursprünglich wurde es als eines der Stadttore gebaut, die 1734-1866 die Stadt umschlossen. 1961 ist es mit dem Mauerbau zum Symbol der Teilung geworden. Heute steht es gleichfalls als Symbol des Mauerfalls.

Tipp: Den Verlauf und die Geschichte der einstigen Berliner Mauer können Sie mit dem *bikeline*-Radtourenbuch Berliner Mauer-Radweg entdecken. Noch mehr Tourenmöglichkeiten in der Stadt und im Umland bietet Ihnen der *bikeline*-Radatlas Berlin.

Sie fahren durch das **Brandenburger Tor**.

⚠ Bitte achten Sie auf die vielen Fußgänger, direkt vor Ihnen liegt der beliebte und gut besuchte Tiergarten.

Tiergarten

Der Tiergarten erhielt seinen Namen im 16. Jahrhundert, in dieser Zeit war das Gelände ein eingezäuntes Gehege mit heimischem Wildbestand und wurde als kurfürstliches Jagdrevier genutzt. Kurfürst Friedrich III. (ab 1701 Friedrich I.) ließ Ende des 17. Jahrhunderts im

Berlin – Brandenburger Tor

Stil eines barocken Jagdparks verschiedene sternförmige Alleen und Schneisen anlegen. So ist die Charlottenburger Chaussee entstanden, die heutige Straße des 17. Juni. Diese Straße stellte zusammen mit der Straße Unter den Linden eine Verbindung zwischen dem Berliner Stadtschloss und dem Schloss Charlottenburg dar. Schon damals war die Straßen mit Laternen gesäumt. 1740 ließ Friedrich der Große den Plankenzaun um den Tiergarten entfernen und in einen Park umgestalten. Der Park wurde für die Berliner Bevölkerung geöffnet und zum wichtigsten Naherholungsziel.

Unter Friedrich Wilhelm III. wurde der Tiergarten von 1833-1840 in einen Landschaftspark nach englischem Vorbild umgewandelt. Dem Landschaftsarchitekten Peter Joseph Lenné gelang eine perfekte Synthese aus barocker und landschaftlicher Parkgestaltung, wie sie noch heute in großen Bereichen erhalten ist.

Im und nach dem Zweiten Weltkrieg wurde der Park durch Bombenangriffe und Abholzung stark zerstört. Von den ehemals 200.000 Bäumen blieb nur noch ein Bestand von 700 erhalten. 1949 wurde das Grüne Notstandsprogramm eingeleitet. Am 17. März pflanzte Ernst Reuter die erste neue Linde. Viele bundesdeutsche Städte und Gemeinden spendeten Bäume. Über einen Zeitraum von 10 Jahren wurde die Parkanlage wiederhergestellt, wobei weitgehend auf barocke Elemente wie Alleen und Plätze verzichtet wurde. Erst 1987 anlässlich der 750-Jahr-Feier Berlins ist der Tiergarten nach dem Vorbild der Anlage von Lenné wieder hergerichtet worden.

Auch heute zieht der Tiergarten unzählige Besucher an. Besonders an den Wochenenden und bei schönem Wetter herrscht nahezu Volks-

Rhododendrongarten im Tiergarten

feststimmung: Es wird gegrillt, gepicknickt, gesonnt, gespielt, ...

Tipp: Der Radfernweg Berlin – Kopenhagen befindet sich in der Berliner Innenstadt noch teilweise im Ausbau: die schöne, immer am Kanal entlang führende Route verläuft auf kurzen Strecken auf einem schmalen Pfad. Teilstrecken werden erst im Laufe des Jahres 2008 fertiggestellt. Wir haben diesen Weg, der bis Ende 2008 komplett ausgeschildert werden soll, bereits als Alternative beschrieben und in der Karte dargestellt. Bitte beachten Sie, dass eine Befahrung frühestens ab August 2008 möglich ist..

Die Hauptroute führt am **Brandenburger Tor** geradeaus auf dem Radweg entlang der **Straße des 17. Juni** durch den **Tiergarten** am **Großen Stern** geradeaus, d. h. an der dritten Ausfahrt aus dem Kreisverkehr weiter auf dem Radweg entlang der **Straße des 17. Juni** bis zum **Charlottenburger Tor** über den Landwehrkanal.

Berlin-Charlottenburg
Vorwahl: 030

- **Gedenkstätte Plötzensee**, Hüttigpfad, ÖZ: März-Okt., tägl. 9-17 Uhr, Nov.-Feb., 9-16 Uhr. Erinnert an die Opfer des Nationalsozialismus von 1933-45.
- **Georg-Kolbe-Museum**, Sensburger Allee 25, ✆ 3042144, ÖZ: Di-So 10-17 Uhr.
- **Käthe-Kollwitz-Museum**, Fasanenstr. 24, ✆ 8825210; ÖZ: Mi-Mo/ Fei 11-18 Uhr.
- **Das Verborgene Museum**, Schlüterstr. 70, ✆ 3133656, ÖZ: Do-Fr 15-19 Uhr, Sa, So 12-16 Uhr. Lebenswerk- und Geschichte von in Vergessenheit geratenen Künstlerinnen.
- **Beate Uhse Erotik-Museum**, Joachimstaler Str. 4, ✆ 8860666, ÖZ: Mo-Sa 9-24 Uhr, So 13-24 Uhr.
- **Kaiser-Wilhelm-Gedächtniskirche**, Kurfürstendamm 237, ÖZ: Mo-So 9-19 Uhr, Ausstellung.
- Rund um die Gedächtniskirche: **Breitscheidplatz & Europacenter**. Besonders beliebt ist der rauschende **Weltkugelbrunnen** des Bildhauers Johannes Schmettau vor dem Europa-Center, von den Berlinern auch Wasserklops genannt.
- **KaDeWe (Kaufhaus des Westens)**, Schöneberg, Tauentzienstr. 21-24, ✆ 21210. Das Gebäude wurde 1906-1907 erbaut und 1929-1930 um zwei Etagen aufgestockt. Mit über 60.000 m² Verkaufsfläche auf 8 Etagen zählt es zu den größten Kaufhäusern Europas.
- Der **Kurfürstendamm**, im 16 Jh. als Reit- und Fahrweg vom Berliner Stadtschloss zum Jagdschloss Grunewald angelegt, ist heute die Topadresse der Modebranche, guter Restaurants und Cafés und eine feine Wohngegend.
- **Funkturm** (1924-26), Hammarskjöldpl. 1, ÖZ: Di-So 10-23 Uhr, Mo bis 20 Uhr. Das markante Wahrzeichen ist 138 m hoch und wurde anlässlich der 1. Großen Funkausstellung errichtet.
- **Olympiastadion** (1924-26), Olympische Allee, ✆ 25002322, ÖZ: tägl. 9-19 Uhr. Von Werner March für die XI. Olympischen Sommerspiele 1936 errichtet und anlässlich der Fußball WM 2006 umfangreich umgebaut.
- **Zoologischer Garten**, Eingänge Hardenbergpl. 8 und Budapester Str. 34, ✆ 254010, ÖZ: Okt.-Ende März, tägl. 9-17 Uhr, Ende März-Sept., tägl. 9-18.30 Uhr. Ältester zoologischer Garten Deutschlands, gilt mit 19.000 Tieren in etwa 1.550 Arten als wertvollste Tiersammlung der Welt.

Sie fahren bis zum **Ernst-Reuter-Platz** im Kreisverkehr an der zweiten Ausfahrt in die

Otto-Suhr-Allee ⤳ weiter bis zum **Schloss Charlottenburg**.

Schloss Charlottenburg

- **Abgusssammlung Antiker Plastik**, Schlossstr. 69b, ☎ 3424054, ÖZ: Do-So 14-17 Uhr.
- **Bröhan-Museum**, Schlossstr. 1a, ☎ 32690600, ÖZ: Di-So/Fei 10-18 Uhr. Kunst und Kunsthandwerk von 1889-1939.
- **Gipsformerei**, Sophie-Charlotten-Str. 17-18, ☎ 3267690, ÖZ: Mo-Fr 9-16 Uhr, Mi 9-18 Uhr.
- **Heimatmuseum Charlottenburg- Wilmersdorf**, Schlossstr. 69, ☎ 9029-13201, ÖZ: Di-Fr 10-17 Uhr, So 11-17 Uhr.
- **Keramik Museum Berlin**, Schustehrusstr. 13, ☎ 3212322, ÖZ: Sa-Mo 13-17 Uhr.
- **Sammlung Berggruen**, Schlossstr. 1, ☎ 32695815, ÖZ: Di-So 10-18 Uhr. Museum Moderner Kunst.
- **Schloss Charlottenburg** und **Schlosspark**, Spandauer Damm 10-22, ☎ 320911, ÖZ: Di-So 9-17 Uhr, ÖZ Neuer Flügel: Di-So 10-17 Uhr.
- Der **Schlosspark** wurde 1697 als Barockgarten angelegt. Ab 1819 löste Peter Joseph Lenné die barocke Anlage auf und schuf einen neuen großflächigen Garten. Der Park ist ein sehr beliebter Ort für sonntägliche Spaziergänge.

Das Schloss wurde als Sommerresidenz des Kurfürsten Friedrich III. und seiner Gemahlin Sophie Charlotte angelegt und ist anlässlich

Charlottenburg – Gedächtniskirche

der Krönung Friedrichs zu einer repräsentativen Anlage ausgebaut worden. Dieser Barockbau aus dem 17. Jahrhundert ist der größte Feudalsitz in Berlin.

Vor dem Schloss rechts in die Straße **Luisenplatz** ⤳ nach der **Schlossbrücke** in die zweite Straße rechts, **Mierendorffstraße** ⤳ am **Mierendorffplatz** links halten ⤳ die **Osnabrücker Straße** überqueren ⤳ zunächst noch Mierendorffplatz, dann weiter auf der **Keplerstraße** ⤳ an der T-Kreuzung rechts in die **Olbersstraße** ⤳ gleich links, die **Lise-Meitner-Straße** ⤳ in die Sackgasse ⤳ auf Höhe der Busbetriebshaltestelle befindet sich die **Fußgängerbrücke**

Goerdeler Steg ⤳ die A 100 überqueren ⤳ nach der Brücke gleich links . Rechts in die **Bernhard-Lichtenberg-Straße** ⤳ links in den **Heckerdamm** ⤳ den **Kurt-Schumacher-Damm** überqueren ⤳ auf Höhe des **Heilmannrings** rechts in den **Volkspark Jungfernheide**.

Volkspark Jungfernheide

- Freibad Jungfernheide

An der Wegekreuzung mit dem Unterstand links Richtung Hundefreiauslauf ⤳ am **Hundefreiauslauf** vorbei ⤳ an der T-Kreuzung auf Höhe der **Open-Air-Bbühne** rechts ⤳ vor dem **Jungfernheideteich** gleich wieder links ⤳ Sie folgen dem Verlauf des Weges bis zum **Freibad Jungfernheide** ⤳ am Haupteingang nach links ⤳ an der Wegekreuzung vor dem Parkausgang rechts ⤳ der Weg endet auf Höhe des **Landesleistungszentrums am Jungfernheideweg** ⤳ hier rechts bis zur Kreuzung am **Saatwinkler Damm** ⤳ wenn Sie die **Mäckeritzbrücke** überqueren, stoßen Sie auf die Kanal-Variante.

Variante am Kanal entlang   11 km

Bei der Variante fahren Sie am **Brandenburger Tor** rechts in die **Ebertstraße** ~ an der Ampel geradeaus in die Fußgängerzone hinter dem **Reichstag** ~ hinter dem Gebäude links halten ~ geradeaus auf der **Paul-Löbe-Allee** ~ rechts direkt am Paul-Löbe-Haus in die Konrad-Adenauer Straße ~ schräg rechts weiter in die **Konrad-Adenauer Straße** ~ über die Brücke und links in das **Kapelle-Ufer** ~ rechts in das **Alexanderufer** bis zur **Invalidenstraße**.

Gedenkstätte Litfin

✱ **Gedenkstätte Günter Litfin**, Kieler Str. 2, ☎ 23626183, ÖZ: März-Nov. Mo-Do 12-17 Uhr, So 14-17 Uhr, Gruppen n. V. Die Gedenkstätte ist dem ersten durch Grenzsoldaten erschossenen Maueropfer gewidmet. Im ehemaligen Wachturm ist ein kleines Museum eingerichtet.

Tipp: Die Uferpromenade ist nur eingeschränkt geöffnet (ÖZ: Mitte März-Sept., 7-21.30 Uhr, ansonsten nur bis 18.30 Uhr). Als Umfahrung können Sie die Alternativroute über die Scharnhorststraße nutzen.

Die Invalidenstraße kreuzen ~ durch das Tor und ein kurzes Stück auf sehr holprigem

Berlin – Schloss Charlottenburg

Kopfsteinpflaster weiterradeln ~ geradeaus am Ufer des Schifffahrtskanals entlang ~ kurz rechts und gleich wieder links durch das Eingangstor des Invaliden-Friedhofs ~ an einem Reststück der **Berliner Mauer** entlang ~ geradeaus durch das Tor ~ weiter am Ufer entlang ~ durch die Hausdurchfahrt.

Am Ende des Uferweges links halten und unter der Brücke hindurch ~ weiter am Ufer entlang ~ aus dem Park heraus und an der Querungshilfe die **Fennstraße** kreuzen ~ kurz links und gleich wieder rechts auf den Radweg am Nordufer ~ entlang des Spandauer Schifffahrtskanals auf dem etwas holprigen Asphalt ~ die **Führer Straße** kreuzen ~ auf dem gut asphaltierten Radweg immer am Ufer entlang ~ die **Seestraße** an der Ampel überqueren ~ weiter geradeaus am **Nordufer** ~ dem Rechtsbogen der Straße folgen ~ nach 40 Metern links ~ am kleinen Parkplatz links halten und auf dem asphaltierten Hauptweg durch die **Kleingartenkolonie Plötzensee**.

Dem Linksbogen zum Ufer folgen ~ am Ende des Radweges links halten und über die Brücke ~ links hinter dem American Football Stadion vorbei ~ hinter dem Stadion direkt links und über den Parkplatz ~ an der **Allée du Stade** links ~ vor dem Werkstor der Zementfabrik rechts auf den Radweg ~ geradeaus und die **Hinckeldeybrücke** unterqueren.

Tipp: Zur Zeit der Überprüfung dieser in Zukunft neu ausgeschilderten Route war die Durchfahrt der Brücke gesperrt, Bauarbeiten werden voraussichtlich im Sommer 2008 abgeschlossen.

Geradeaus weiter auf dem jetzt schmalen Uferpfad bis zur nächsten Brücke ~ am Kiosk beim **Jungfernheideweg** treffen Sie auf die Hauptroute durch die westliche Innenstadt.

Auf der Hauptroute weiter geradeaus auf dem breiteren Uferweg ~ im Rechtsbogen zur Straße ~ an der **Bernauer Straße** rechts und die Straße an der Ampel überqueren ~ auf der anderen Straßenseite links und ein kurzes Stück geradeaus ~ rechts leicht bergab ~ an der Schranke vorbei auf den Uferweg ~ geradeaus auf dem breiten Weg ~ dem Rechtsbogen des Weges bis zur Schranke folgen ~ hinter der Schranke links ~ an der Straße **Im Saatwinkel** gleich wieder links ~ vor dem Kanusportverein rechts in den **Halligweg** ~ am Ufer entlang bis kurz vor die Brücke **Saatwinkler Steg** radeln ~ rechts durch die Drängelgitter und die Brücke überqueren ~ geradeaus hinunter an der T-Kreuzung rechts in den **Wiesenweg** ~ an der Straße **Am Havelgarten** rechts an der Neubausiedlung entlang ~ links in die Straße **An den Rohrbruchwiesen** ~ über die Brücke und immer geradeaus auf dem Radweg ~ kurz vor der Goltzstraße auf die Fahrbahn der **Rauchstraße**.

Tipp: Wenn Sie die lebhafte Berliner Innenstadt meiden möchten, können Sie mit dem öffentlichen Nahverkehr (S-/U- und Regionalbahn) nach Berlin-Spandau fahren und von dort mit dem Fahrrad bis nach Berlin-Hakenfelde. Hier treffen Sie wieder auf die Hauptroute des Radfernweges Berlin – Kopenhagen.

Vom Bahnhof Berlin-Spandau nach Berlin-Hakenfelde   4,5 km

Berlin-Spandau
PLZ: 13599; Vorwahl: 030

- **Spandau-Information im Gotischen Haus**, Breite Str. 32, ✆ 3339388, mit Kunstgalerie, www.berlin.de/ba-spandau
- **Zitadelle Spandau mit Stadtgeschichtlichem Museum**, Zitadellenbrücke 1, ✆ 3549440, ÖZ: Di-Fr 9-17 Uhr und Sa, So 10-17 Uhr, Führungen. Die Zitadelle (um 1600) ist eine historische Burg der Askanier, die heute als stadtgeschichtliches Museum und Veranstaltungsort mit Freilichtmuseum ausgebaut ist. Die quadratische Anlage mit einer Seitenlänge von ca. 200 m ist ein Zeugnis der Festungsbaukunst der Renaissance. Die Spandauer Zitadelle galt als uneinnehmbar. Empfehlenswert ist der Aufstieg über die 145 Stufen auf den Juliusturm, von hier aus hat man einen prächtigen Ausblick über Spandau.
- **St. Nicolai-Kirche**, ✆ 3331251, ÖZ: Sa 11-15 Uhr und So 12-18 Uhr. Die Kirche mit dem wuchtigen Turm ist über 500 Jahre alt, im Innern sind der reich mit Skulpturen versehene Altar, der Taufkessel (1398) und die Barockkanzel sehenswert.
- **Historische Altstadt** mit Fachwerk- und Patrizierhäusern; die Altstadt ist überwiegend Fußgängerzone, 48 Gebäude stehen unter Denkmalschutz.
- **Rathaus** (1906-1913) am Markt
- Das **Gotische Haus** gilt als das älteste Wohnhaus Berlins und beherbergt die Spandau-Information.

Der älteste Teil Spandaus befindet sich oberhalb der Straße Am Juliusturm im Kolk. Hier gab es schon in der Steinzeit Siedlungen. Die heutige Altstadt von Spandau lässt ein wenig die eigenständige alte märkische Stadt erahnen. Am Hohen Steinweg ist noch ein Rest der ehemaligen Stadtmauer zu sehen, diese war ursprünglich 6 Meter hoch. Auch der größte Teil vom alten Stadtgraben ist noch erhalten.

Auf der Anfahrtsvariante wenden Sie sich vom **Bahnhof Berlin-Spandau** nach links in den **Altstädter Ring** ~ im Kreisverkehr am **Falkenseer Platz** an der zweiten Straße rechts in die **Neuendorfer Straße** ~ zweite Straße links in die **Schönwalder Straße** ~ immer geradeaus, Verlängerung **Fehrbelliner Tor** ~ weiter geradeaus auf der **Schönwalder Allee** ~ rechts in die

Cautiusstraße ~ rechts in die **Streitstraße**, links in die **Rauchstraße** ~ an der Kreuzung mit der **Goltzstraße** treffen Sie auf die Hauptroute.

An der Ampel rechts in die **Goltzstraße** ~ rechts in die **Werderstraße** ~ an der Straßengabelung links in den **Elkartweg** ~ dem Weg im Rechtsbogen folgen ~ links und gleich wieder rechts in den asphaltierten für Radfahrer freigegebenen Fußgängerweg ~ der nun geschotterte Weg führt nach links am **Aalemannkanal** entlang ~ an der **Niederneuendorfer Allee** rechts und gleich wieder rechts ins **Aalemannufer** ~ vor dem **Fährhaus** links ~ vor dem Spielplatz links halten ~ weiter am Ufer entlang und über die Brücke ~ an der T-Kreuzung rechts auf den Waldweg ~ der Weg wird etwas schlechter ~ auf dem Waldweg bis kurz vor die **Badestelle Bürgerablage**.

Grenzturm Nieder Neuendorf

Berlin-Bürgerablage
Vor dem Forsthaus links und hinter dem Haus herum ~ am Ufer wieder links auf den Weg ~ ab dem Pumpengebäude weiter auf Asphalt ~ durch den ehemaligen Mauerstreifen und über die Berlin-Brandenburger Landesgrenze hinweg.

Tipp: Der Radfernweg Berlin – Kopenhagen ist von der Landesgrenze zu Brandenburg bis zum Fährhafen in Rostock mit dem Logo des Radfernweges ausgeschildert.

Auf dem Radweg bis zum Grenzturm in Niederneuendorf.

Nieder Neuendorf
PLZ: 16761; Vorwahl: 03302

- Stadtinformation Hennigsdorf, Rathauspl. 1, ☎ 877320
- Grenzturm Nieder Neuendorf, Dorfstraße, ☎ 877311, ÖZ: 5. April-3. Okt., Di-So 10-18 Uhr. Das im Grenzturm gestaltete Museum dokumentiert anhand von Fotos, Modellen und Original-Utensilien die fast 40-jährige Geschichte der Berliner Mauer.

Der Grenzturm in Nieder Neuendorf, Typ Führungsstelle, war bis zum 9. November 1989 ein wichtiger Bestandteil der Grenz- und Sperranlagen der Berliner Mauer. In dem neun Meter hohen Turm überwachte das Grenzregiment 38 „Clara Zetkin" auf insgesamt fünf Ebenen mehrere Wach- und Beobachtungstürme und die Elektronik der Grenzanlagen. Heute beherbergt der Turm ein Museum. In der Dauerausstellung wird dem Besucher anhand von Dokumenten, originalen Utensilien und Informationstafeln die deutsche Teilung, der Aufbau der Grenzanlagen und der Alltag an der Grenze erläutert.

Von Nieder Neuendorf nach Oranienburg — 25,5 km

Auf dem Radweg bis zur **Dorfstraße** ~ rechts in Richtung Bahnhof ~ über die Brücke und kurz dahinter im spitzen Winkel nach rechts ~ dem Radweg am **Bombardier Betriebsgelände** entlang folgen ~ um das Hafenbecken herum ~ rechts wieder zum Uferradweg ~ unter der Brücke hindurch und geradeaus weiter auf die Spielstraße am **Hennigsdorfer Hafen**

↝ am Ende der Spielstraße rechts, links von Ihnen liegt das Zentrum von Hennigsdorf.

Hennigsdorf
PLZ: 16761; Vorwahl: 03302
- **Stadtinformation**, Rathauspl. 1, ✆ 877320
- **Reederei Grimm & Lindecke**, Primelweg 6, 16321 Lindenberg, ✆ 0170/5817656, Anlegestelle: Hennigsdorfer Hafen, Hafenstraße.
- Sehenswert sind das **Rathaus** und das **Alte Wasserwerk**.
- **Aqua Stadtbad**, Rigaer Str. 3, ✆ 224125

Rechts in die **Ruppiner Straße** ↝ am **Kreisel** links Richtung Stolpe ↝ auf dem straßenbegleitenden Radweg bis zum Übergang in Richtung **Wasserwerk Stolpe** ↝ am Wasserwerk rechts auf dem Asphaltweg entlang des Zauns um das Wasserwerk herum ↝ auf der anderen Seite rechts in den Schwarzen Weg ↝ Sie folgen dem Straßenverlauf bis nach Hohen Neuendorf.

Hohen Neuendorf
- **Wasserturm**
- **Glasbläserei Schultrich**, Am Alsenpl. 1, ✆ 403885

In Hohen Neuendorf fahren Sie zunächst auf der **Schillerpromenade** ↝ in der rechts abknickenden **Goethestraße** links in den **Saumweg** Richtung S-Bahnhof Birkenwerder ↝ in Birkenwerder an der T-Kreuzung links in den **Stolper Weg**.

Am zweiten Abzweig vor dem Teich rechts in die Straße **Am Paradiesgarten**, Verlängerung **Nürnberger Straße** ↝ an der folgenden Kreuzung links in die **Humboldtallee**, Kopfsteinpflaster ↝ nach der Humboldtbrücke über die Briese rechts in den **Fontaneweg** ↝ Sie folgen dem Verlauf der Spielstraße bis zur **Dorfkirche** in Birkenwerder.

Birkenwerder
PLZ: 16547; Vorwahl: 03303
- **Clara-Zetkin-Museum**, Summter Str. 4, ✆ 402709, ÖZ: Mo, Fr 11-16 Uhr, Di, Do 11-18 Uhr. In der Ausstellung wird Leben und Werk der Frauenrechtlerin und sozialdemokratischen Politikerin Clara Zetkin beleuchtet.

Vor der **Dorfkirche** rechts ↝ an der Hauptstraße gleich wieder rechts auf den Rad- und Fußweg ↝ beim **Rathaus** an der Ampel links in die **Clara-Zetkin-Straße** ↝ vor dem **S-Bahnhof Birkenwerder** links in die Straße **An der Bahn** ↝ auf Höhe der **Erich-Mühsam-Straße** geradeaus in den **Akazienweg**, es gibt einen Rad- und Fußweg, der parallel zum Bahndamm verläuft.

Der Weg stößt auf die **Brieseallee** ↝ weiter auf dem Radweg ↝ in einem Rechtsschwenk unter der Eisenbahnbrücke hindurch ↝ geradeaus weiter entlang der **Friedensallee** ↝ links in die **Fichteallee** ↝ der Radweg endet an der Autobahn ↝ Sie kommen nach Briese.

Briese
- **Briesetal**, Briesesteig und Naturlehrpfad

In Briese an der T-Kreuzung links Richtung Borgsdorf ↝ auf dem Radweg entlang der Straße **Papengestell** nach Borgsdorf.

Borgsdorf
Im Ort weiter entlang der **Friedensallee** ↝ am **S-Bahnhof Borgsdorf** vorbei ↝ nach dem Bahnübergang weiter geradeaus auf der **Bahnhofstraße** ↝ hinter der Schule auf die linke Seite auf den Radweg wechseln ↝ an der T-Kreuzung rechts und nach Lehnitz radeln.

Lehnitz
PLZ: 16565; Vorwahl: 03301
- **Friedrich-Wolf-Gedenkstätte**, Alter Kiefernweg 5, ✆ 524480, ÖZ: Di-Fr 10-14 Uhr, Sa/So n.V. Seit 1973 ist in dem ehemaligen Wohnhaus des Arztes und Schriftstellers Friedrich Wolf diese Gedenkstätte eingerichtet.

In Lehnitz im Linksschwenk am **S-Bahnhof** vorbei und weiter geradeaus auf der **Oranienburger Chaussee** Richtung Oranienburg-Zentrum, das in Kürze erreicht ist.

Oranienburg
PLZ: 16515; Vorwahl: 03301

🛈 **Tourist-Information des Tourismusvereins Oranienburg und Umland e. V.**, Bernauer Str. 52, ✆ 704833, www.tourismus-or.de

🏛 **Kreismuseum Oberhavel** im Schloss Oranienburg, Schlosspl. 1, ✆ 6015688, ÖZ: April-Okt., Di-So 10-18 Uhr, Nov.-März, Sa-So 10-17 Uhr. Ständige Ausstellungen zu verschiedenen Themenkomplexen aus der Geschichte der Stadt und der Umgebung.

🏛 **Gedenkstätte und Museum Sachsenhausen**, Str. der Nationen 22, ✆ 200-200, ÖZ: Mitte März - Mitte Okt., Di-So 8.30-18 Uhr, Mitte Okt. - Mitte März, Di-So 8.30-16.30 Uhr. Auf dem Gelände des einstigen Häftlingslagers wurde die Gedenkstätte und das Museum Sachsenhausen errichtet. Führungen, Ausstellungen und Ansicht der Originalgebäude informieren über den Nazi-Terror (1936-45) und die Zeit des sowjetischen Speziallagers Nr. 7/Nr. 1 (1945-50).

🏛 **Haus der Deutschen Schmiedekunst**, Str. der Einheit 50, ✆ 807089, ÖZ: Mo-Fr 9-18 Uhr, Sa 9-14 Uhr. Zu sehen sind zahlreiche Exemplare meisterhafter Schmiedekunst. Untergebracht ist das Haus seit 1996 in einer ehemaligen Maschinenfabrik, die Horst Kemper 1990 erworben hatte und aufwändig restaurieren ließ.

Schloss Oranienburg

🛈 Die **Nicolaikirche** (1864-1866) ist das weithin sichtbare Wahrzeichen der Stadt Oranienburg. Von ihrem Turm hat man einen schönen Blick über die Stadt und die Umgebung.

🛈 **Schloss Oranienburg** (17. Jh.), Schlosspl. 1, ✆ 537437, ÖZ Museum: April-Okt., Di-So 10-18 Uhr, Nov.-März, Sa, So 10-17 Uhr, monatl. Themenführungen. In den Fest- und Paraderäumen werden Kunstwerke niederländischer Künstler des 17./18. Jhs. gezeigt. Weiterhin gibt es eine Silberkammer, eine Porzellangalerie, Bildteppiche aus der Zeit des Großen Kurfürsten und Mobiliar u. a. aus afrikanischem Elfenbein zu sehen. Sehenswert ist auch die berühmte Deckenmalerei im Porzellanzimmer und das Silbergewölbe, in dem ausgewählte Beispiele königlichen Prunksilbers gezeigt werden.

✳ Der **Bötzower-Platz** wurde in den 1980er Jahren auf dem Altstadtkern der Stadt zur Erinnerung an den mittelalterlichen Ursprung Oranienburgs errichtet; einst hieß die Stadt Bötzow.

✳ **TURM ErlebnisCity Oranienburg**, André-Pican-Str. 42, ✆ 0180/3162162, ÖZ: Mo-So 9-22 Uhr. Erlebnisbad, Sauna, Klettern, Bowling, Beachsporthalle.

✳ **Bootsverleih**: Bootshaus Dietrich, Rüdesheimer Str. 21, ✆ 524152; Wassersportzentrum Oranienburg, Lehnitzstr. 101, ✆ 539590

✳ **Bauernmarkt Schmachtenhagen**, ✆ 680914, ÖZ: Di-Fr 8-16 Uhr, Sa 9-16 Uhr, So 10-16 Uhr.

✳ **Eichholz Tier- und Freizeitpark**, An den Waldseen 1a, OT Germendorf, ✆ 3363, ÖZ: April-Sept., tägl. 9-20 Uhr, Okt.-März, tägl. 9-17 Uhr.

✳ **Schlosspark Oranienburg**. Der Park wurde als barocker Lustgarten erbaut und im 19. Jh. zu einem Landschaftsgarten umgestaltet. Das Gartenportal (1690) mit seinem wunderschönen schmiedeeisernen Tor und die Orangerie (1754/55) sind die einzigen noch erhaltenen Parkgebäude.

✉ **Freibad Lehnitzsee**

🚲 **Fahrrad-Center Hebestreit**, Bötzower Pl. 7, ✆ 582885

Die Kreisstadt Oranienburg liegt im Norden Berlins, umgeben von einer reizvollen Landschaft mit Seen und Kanälen, Wiesen und Wäldern.

Bis zum Jahr 1652 hieß die Ansiedlung, auf die Oranienburg zurückgeht, Bötzow. Zwei Jahre zuvor hatte der Große Kurfürst, Friedrich Wilhelm, die Domäne Bötzow seiner Gemahlin, Luise Henriette Prinzessin von Oranien, geschenkt. Sie ließ Schloss Oranienburg errichten und trieb den Wiederaufbau der durch den 30jährigen Krieg stark zerstörten Domäne an. Der Name des Schlosses wurde auf die Ansiedlung übertragen.

Oranienburg hat eine „Schwesternstadt" – Oranienbaum. Diese kleine Stadt liegt inmitten des Wörlitzer Gartenreiches und wurde im 17. Jahrhundert von Henriette Catharina von Oranien, einer Schwester der Kurfürstin Luise Henriette, erbaut.

Ende des zweiten Weltkrieges wurde die Stadt und das Konzentrationslager Sachsenhausen befreit. Bei der Bombardierung erlitt Oranienburg schwere Verluste – 60 Prozent der Häuser wurden zerstört, 40 Prozent der Einwohner wurden obdachlos. Noch heute werden bei Erdbauarbeiten Bomben gefunden, für deren Entschärfung die Bevölkerung evakuiert werden muss.

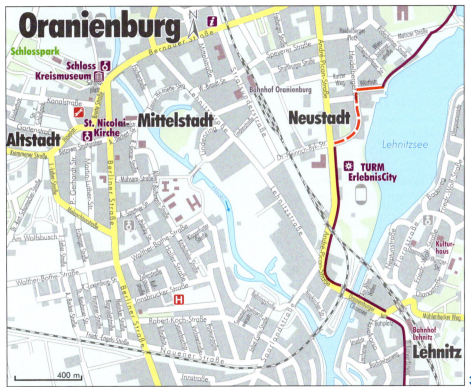

„Gegen das Vergessen" wurde 1961 die Gedenkstätte und das Museum Sachsenhausen auf dem Gelände des ehemaligen Häftlingslagers errichtet, um die Erinnerung an den Nazi-Terror wachzuhalten.

Von Oranienburg nach Zehdenick   35 km

In Oranienburg an der Kreuzung nach dem **Oder-Havel-Kanal** rechts in die **André-Pican-Straße** ~ vorbei an der TURM.ErlebnisCity rechts in die **Heidelberger Straße** ~ nach dem Tennisplatz rechts in die **Wörthstraße** ~ am **Ufer des Lehnitzsees** links in den mit Pollern abgesperrten Weg ~ der Weg führt an einem Fußballplatz und Spielplatz vorbei ~ rechts in die **Mainzer Straße** ~ geradeaus in den Wald ~ auf einem befestigten Weg entlang des Lehnitzsees bis zur Brücke, die Durchfahrt ist für den Kraftverkehr verboten ~ der Weg geht stark bergauf ~ Sie überqueren die Bundesstraße am Übergang.

Tipp: ⚠ Außerhalb der Fährsaison (der Brückenbau ist 2008-09 geplant) fahren Sie bis zu den ehemaligen Heilstätten Grabowsee

auf der Ausweichroute durch den Schmachtenhagener Forst. Dafür radeln Sie hier rechts auf die Bundesstraße (siehe Karte 3).

Auf dem asphaltierten Radweg entlang des Oder-Havel-Kanals bis zur Fähre Malz.

Friedrichsthal

⛴ **Personenfähre Grabowsee**, Fährverbindung über den Oder-Havel-Kanal, Fährbetrieb: im Sommer tägl. 8-20 Uhr.

Von der Fähre kommend fahren Sie bei den **ehemaligen Heilstätten Grabowsee** nach links in die Fahrradstraße und weiter bis nach **Bernöwe** ~ die kleine Kreuzung überqueren ~ nach den letzten Häusern geradeaus in die **Fahrradstraße** ~ an der Querstraße links in den Radweg parallel der **L 21** bis nach Liebenwalde.

Liebenwalde

PLZ: 16559; Vorwahl: 033054

🛈 **Touristeninformation mit Hofladen**, Havelstr. 1a, ✆ 90772, www.liebenwalde.de

⛴ **Steganlage „Langer Trödel"**, Berliner Str. 45a, Inh. Horst Helbig, ✆ 39030; Kanuverleih von 15. April-15. Okt., tägl. 9-18 Uhr.

🏛 **Heimatmuseum Liebenwalde im ehemaligen Stadtgefängnis**, Marktpl. 20, ✆ 80555 od. 80557, ÖZ: Di-Fr 10-16 Uhr, So, Fei 10-16 Uhr, von Mai-Okt. auch Mo, Sa 10-16 Uhr. Im ehemaligen Stadtgefängnis gibt es Ausstellungen zur Stadt-, Kirchen-, Schul-, Vereins- und Industriegeschichte; außerdem werden die Binnenschifffahrt, die „Heidekrautbahn" und die Geschichte der umliegenden Ortsteile thematisiert.

⛪ **Stadtkirche** (1835), ursprünglich stand der 30 m hohe Glockenturm getrennt von der Kirche. Nachdem er 1875 abgerissen werden musste, wurde der neue Turm mit einem Zwischenbau mit dem Kirchenschiff verbunden.

✱ **Rathaus** (1879)

✉ **Badestelle am Mühlensee**

Liebenwalde wurde erstmals im Jahre 1244 urkundlich erwähnt. Seine Existenz hat es vermutlich der Errichtung der Burg Liebenwalde im 12./13. Jahrhundert zu verdanken. Um 1800 soll von dieser Burg nur noch eine Ruine übrig gewesen sein. Seit dem Wiederaufbau befindet sich das Anwesen in Privatbesitz.

Rathaus Liebenwalde

In Liebenwalde auf der **Berliner Straße** immer geradeaus ↝ links in die **Ernst-Thälmann-Straße** ↝ an **Marktplatz** und **Rathaus** vorbei ↝ auf Höhe der **Kirche** rechts in die **Breite Straße** ↝ links in die **Rudolf-Breitscheid-Straße** ↝ Sie verlassen den Ort Richtung Zehdenick ↝ die Straße führt am **Ausbau Heidchen** vorbei ↝ auf dem **Bischofswerder Weg** kommen Sie zur Schleuse in Bischofswerder.

Bischofswerder

Schleuse Bischofswerder

Nach der Schleuse gleich rechts in den **asphaltierten Radweg** ↝ entlang des **Vosskanals** bis zur Brücke, in den Ort Krewelin.

Krewelin

Fachwerkkirche (1694)

Die Route geht weitere 4,5 Kilometer am Vosskanal entlang ↝ in Zehdenick endet der Weg am **ehemaligen Wasserstraßenamt** ↝ geradeaus weiter auf der Kopfsteinpflasterstraße ↝ auf der Straße **Freiarche** in einem Linksschwenk leicht bergauf ↝ an der T-Kreuzung rechts in die **Parkstraße** ↝ an der Querstraße auf Höhe der Feuerwehr geradeaus in die **Clara-Zetkin-Straße** ↝ am Fußgängerüberweg rechts ↝ an der **Klosteranlage** vorbei ↝ am **Sportplatz** entlang.

Vor der Havel links in den gepflasterten Weg.

Tipp: Radwanderer mit Anhänger oder Tandem können die folgende Treppe mit Laufschiene umfahren (siehe Alternative im Stadtplan).

Zwischen **Sportplatz** und **Havel** bis zur **Zugbrücke** ↝ es geht die Treppe hinauf, eine Laufschiene für Fahrradfahrer ist vorhanden ↝ links in die **Dammhaststraße** ↝ auf der **Berliner Straße** ins Ortszentrum von Zehdenick.

Tipp: Zur Stadtdurchfahrt auf dem Radfernweg Berlin – Kopenhagen können Sie auch eine Variante wählen, die Sie direkt am Fremdenverkehrsbüro vorbeiführt (siehe Alternative im Stadtplan). An diese Alternative schließt die Naturparktour an.

Zehdenick

PLZ: 16792; Vorwahl: 03307

Tourist-Information Zehdenick, Schleusenstr. 22, ☎ 2877, www.fremdenverkehrsbuero-zehdenick.de

Schiffsanleger, Fahrgastschiff „Zehdenixe", Schleusenstr. 13, Buchung bei der Touristinfo unter ☎ 2877

Schiffermuseum auf dem **Museumsschiff „Carola"**, Schleusenstr. 22, ☎ 2877, ÖZ: April-Okt., Di-So 10-17 Uhr und n. V. Thema: Geschichte der Schifffahrt anhand von Modellen, Zeichnungen, Werkzeugen, etc.

Die **evangelische Stadtkirche** (1250) zählt zu den ältesten Bauwerken der Stadt. Original erhalten ist der Turmunterbau mit dem Portal. Das Kirchenschiff stammt aus dem 19. Jh. Sehenswert ist der neugotische Altar.

Kath. Kirche Mariä Himmelfahrt. Der rote Klinkerbau wurde 1901 eingeweiht. Die Orgel stammt von 1999.

Havelschloss Zehdenick, Schleusenstr. 13. Das Schloss wird heute als Übernachtungs- und Restaurantbetrieb genutzt.

Zisterzienserinnen-Kloster (1250), Außengelände geöffnet, Führungen n. V. unter ☎ 313384. Zu sehen ist die Dauerausstellung „Die Zisterzienser", Farbkopie des Altartuches (Original Nikolai-

Klosteranlage Zehdenick

Kirche zu Berlin). Das Kloster wurde beim Stadtbrand 1801 stark zerstört, aber die erhaltenen Gebäude lassen die Größe der einstigen Anlage noch erkennen.

- **Klostergalerie** in der Klosterscheune, ✆ 310777, ÖZ: April-Sept., Mi-So/Fei 13-18 Uhr, Okt.-März, Mi-So/Fei 13-17 Uhr. Es gibt wechselnde Ausstellungen, Konzerte, Lesungen u. v. m.
- **Franziskushof e.V.**, Lüthkeshof 4, ✆ 310848, ÖZ: Sa-So 12-18 Uhr. Verkauf eigener Erzeugnisse im Hofladen, Schwarzbierausschank, 2 Kirchenräume. Der Hof ist eine ökumenische Franziskanische Bruderschaft.
- **Dammhastbrücke**. Die **Zugbrücke** ist das Wahrzeichen der Stadt. Die einstige Holzbrücke wurde 1992 durch eine zweiflügelige Eisenbrücke ersetzt. Weiter stromaufwärts befindet sich die vollautomatisierte **Schleuse**.
- **Trockendock**, Schleusenstr. 13, ✆ 310357, Besichtigung n. V. Das Trockendock ist ein funktionstüchtiges Technisches Denkmal, in dem heute noch Wartungs- und Reparaturarbeiten durchgeführt werden.
- **Wasserturm**, südlicher Ortsrand. Der um 1900 errichtete Turm wurde im Jahr 1991 rekonstruiert.
- **Tretbootverleih**, Stadthafen, ✆ 0160/5070550 od. 316825
- **Bootscharter**: **Marina Zehdenick**, Hafenmeister ✆ 310357; **Wasserwandererrastplatz**, **Klienitz Wasserfreizeit** ✆ 3029525
- **Oberförsterei Zehdenick**, ✆ 2476, Führungen, Naturlehrpfad, „Grünes Klassenzimmer".
- **Tonstichlandschaft** zwischen Zehdenick und Burgwall
- **Waldbad**, An der Templiner Chaussee, ✆ 36469

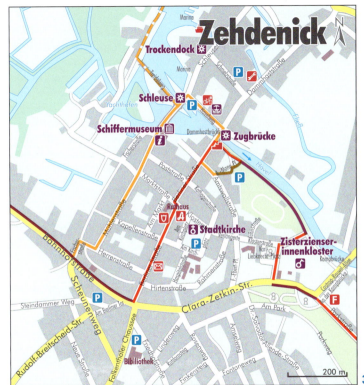

Fahrrad Riese, Dammhaststr. 50, 310032
Fahrradboxen befinden sich im Havelweg

Zehdenick wurde 1216 erstmals urkundlich erwähnt. Damals bestand der Ort aus einer Burg und einer Ansiedlung. 1281 wurden Zehdenick die Stadtrechte verliehen.

Das Zisterzienserinnen-Kloster war lange Zeit eine wichtige Institution und eng mit der Geschichte der Stadt verwoben. Grund für die Klostergründung im Jahre 1250 war ein Hostienwunder und das Kloster entwickelte sich rasch zu einem bedeutenden Wallfahrtsort. 1541 wurde es durch die kurfürstliche Visitation aufgehoben und in ein Stift für adlige Damen umgewidmet. Als solches existierte es bis 1945. Durch Kriege und Stadtbrände wurde das Kloster stark zerstört und ist heute nur noch als Ruine erhalten. Sehenswert sind die Reste des Klausurgebäudes mit den beiden erhaltenen Giebelwänden aus Findlingsmaterial, der nördliche Kreuzgangflügel und die restaurierte Klosterscheune. Seit 1946 ist das gesamte Klostergelände Evangelisches Stift und dem Konsistorium der Evangelischen Kirche Berlin-Brandenburg unterstellt.

Von Zehdenick nach Dannenwalde   20,5 km

Tipp: Wer mit leichtem Gepäck sowie ohne Anhänger reist und die naturbelassene Landschaft mit ihrer einmaligen Flora und Fauna genießen will, sollte die Naturparktour durch die Tonstichlandschaft wählen. Beim Ramin-Stich stoßen Sie dann wieder auf den Radfernweg. Von dort können Sie auch noch den anschließend beschriebenen Ausflug nach Gransee unternehmen.

Naturparktour   3,5 km

Zur **Naturparktour** gelangen Sie, wenn Sie sich nach der Treppe auf der **Dammhaststraße** nach rechts wenden ~ nach der **Zugbrücke** links in den **Havelweg** ~ an der **Schleuse** links und sofort rechts in den **Treidelweg** ~ die erste **Kamelbrücke** hinauf, starker Anstieg ~ dann rechts ~ über die zweite Kamelbrücke ~ auf dem sehr schmalen, unbefestigten Fußweg bis zur **Eisenbahnbrücke** ~ danach links und weiter bis zum **Ramin-Stich** ~ hier treffen Sie wieder auf die Hauptroute des Radfernwegs Berlin – Kopenhagen.

Auf der Hauptroute fahren Sie auf der **Berliner Straße** durch das **Zentrum** von Zehdenick ~ bis zur Ampelkreuzung nach dem **Rathaus**.

Tipp: Von Zehdenick bietet sich ein Ausflug in die mittelalterliche Stadt Gransee mit ihrem wunderschönen, sanierten historischen Stadtkern an.

Ausflug nach Gransee   30,5 km

Sie biegen von der **Clara-Zetkin-Straße** nach links auf die **K 6512** in Richtung **Klein-Mutz** ab ~ im Ort biegen Sie nach rechts in Richtung Osterne und Kraatz ~ Sie folgen der Landstraße und biegen dann in **Kraatz** rechts in Richtung Gransee ein ~ an der T-Kreuzung am Bahnhof wenden Sie sich nach rechts ~ dann links ein Stück auf der stark befahrenen **Templiner Straße** übergehend in die **Rudolf-Breitscheid-Straße** ins historische Stadtzentrum von Gransee.

Gransee
PLZ: 16775; Vorwahl: 03306

Tourist-Information im Heimatmuseum, Rudolf-Breitscheid-Str. 44, 21606

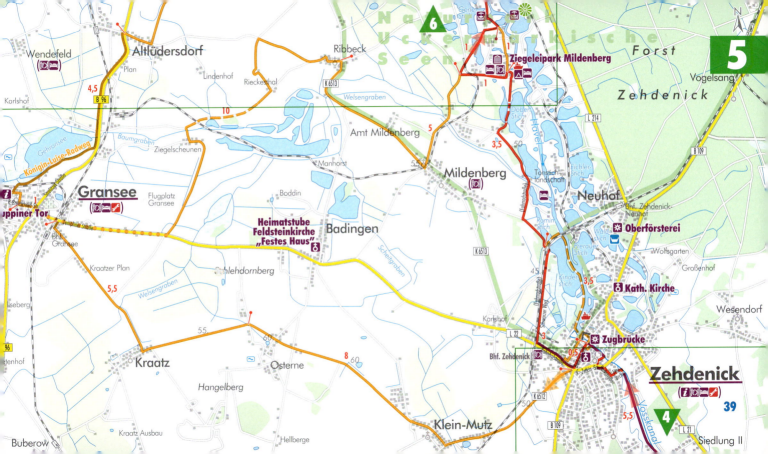

- **Heimatmuseum**, Rudolf-Breitscheid-Str. 44, ☏ 21606, ÖZ: Mai-Sept., Di-So 10-16 Uhr, Okt.-April, Di-Fr 10-16 Uhr, Sa, So 12-16 Uhr. Das Museum ist in der einstigen **Hospitalkapelle St. Spiritus** und dem ehem. **Heilig-Geist-Hospital** untergebracht. Beide Gebäude gehören zur spätmittelalterlichen Stadtbebauung. Stadtmodell von 1930 in der Hospitalkapelle, Wechselausstellungen, Führungen nach Vereinb.; Themen: Heimatgeschichte, Ur- und Frühgeschichte.
- **Pfarrkirche St. Marien** (1285-1520), Führungen in den Sommermonaten bei Herrn Beil, ☏ 27001. Die Kirche zählt mit ihrer reichen spätgotischen Backsteinarchitektur zu den architektonisch bedeutendsten Bauwerken Gransees. Im Inneren sind eine Wagner-Orgel (1744) und zwei besondere Altäre zu sehen.
- **Katholische Kirche**
- **Ruine des Alten Franziskanerklosters**. Das Kloster wurde im 13. Jh. erbaut und ging im Zuge der Reformation für 200 Gulden an die Stadt. Heute sind nur noch die Ruinen erhalten.
- **Historischer Stadtkern**. Mit dem kommentierten Stadtrundgang, den Sie in der Tourist-Info erhalten, können Sie auf Entdeckungsreise durch die Arvhitekturgeschichte vom Mittelalter bis ins 19. Jh. gehen. Stadtführungen nach Vereinb.
- **Luisen-Denkmal** (1811), Schinkelplatz. Als die jung verstorbene preußische Königin Luise von Hohenzieritz nach Berlin zu ihrer Ruhestätte verbracht wurde, machte der Trauerzug an dieser Stelle Rast. Im Gedenken daran wurde das von Schinkel stammende Denkmal errichtet und 2003 im Heimatmuseum ein luisen-Salon eingerichtet.
- **Ruppiner Tor**, Schlüssel im Heimatmuseum erhältlich. Das Bauwerk aus dem 14. Jh. ist das einzige Stadttor von Gransee, das Kriege und Brände überlebt hat. Es ist das Wahrzeichen der Stadt und zählt zu den schönsten Stadttoren Brandenburgs. Von oben hat man einen wunderschönen Ausblick über die Stadt.
- **Stadtmauerring** mit **Pulverturm**, **Weichhaus** und **Wallgärten**. Gransee galt im Mittelalter und bis zum 30jährigen Krieg wegen der starken Stadtbefestigung als sicherste Stadt in der Mark Brandenburg.
- **skydive**, Flugplatz Gransee, ☏ 79940, Fallschirmspringen
- **Krenczek**, Ruppiner Str. 46, ☏ 213127

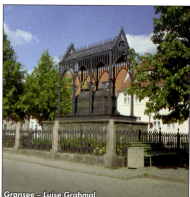
Gransee – Luise Grabmal

Gransee entstand im Mittelalter am Schnittpunkt der zwei wichtigsten Handelsstraßen durch die Mark Brandenburg. Zum einen die Verbindung zwischen Mecklenburg-Strelitz und Brandenburg sowie zwischen der Uckermark und dem Ruppiner Land. Im Jahre 1262 verlieh Markgraf Johann von Brandenburg Gransee das Stadtrecht. Die Stadt erhielt einen Befestigungsring, der über eine lange Zeit als der sicherste der Mark Brandenburg galt.

Über mehrere Jahrhunderte blieb die mittelalterliche Stadtstruktur erhalten. Die Altstadt, die sich heute behutsam saniert präsentiert, entstand nach dem verheerenden Brand des Jahres 1711. Ein Großteil der mittelalterlichen Bebauung war den Flammen zum Opfer gefallen. Die meisten Ackerbürgerhäuser und der vereinfachte Stadtgrundriss stammen aus der Zeit des Wiederaufbaus.

Erst im 19. Jahrhundert wuchs die Stadt durch den gründerzeitlichen Bauboom über die mittelalterliche Stadtgrenze hinaus.

Heute ist die Stadt ein beliebter Anziehungspunkt für geschichtsinteressierte und Ruhe suchende Touristen.

Tipp: Zurück zur Hauptroute können Sie auch dem 8 Kilometer langen Königin-Luise-Radweg über Alt-Lüdersdorf nach Wentow folgen, diese Route ist im Kartenblatt eingezeichnet. Sie verkürzen damit Ihre Tour um 15 Kilometer, verpassen aber die schöne Tonstichlandschaft um den Ziegeleipark Mildenberg.

Sie kehren zurück zum Radfernweg über die **Templiner Straße** in Richtung Badingen ～ links in Richtung Ziegelscheunen ～ am **Flugplatz** vorbei der Straße bis zur Ortsmitte **Ziegelscheunen** folgen ～ rechts auf den Feldweg, auf dem nach 200 Meter ein angelegter, schmaler Radweg an den Tonstichen vorbei nach **Rieckesthal** führt ～ an der Kreuzung rechts bis **Ribbeck** und von dort aus bis Mildenberg.

Mildenberg

An der Kreuzung geradeaus an der **Kirche** vorbei Richtung Marienthal ～ am **Abzweig zum Ziegeleipark Mildenberg** rechts ～ der Radfernweg kommt vom Ziegeleipark und geht an dem Abzweig schräg rechts Richtung Burgwall.

Auf der Hauptroute rechts in die **Bahnhofstraße** ～ vor dem beschrankten Bahnübergang rechts in die Fahrradstraße **Schwarzer Weg** ～ parallel zu den Gleisanlagen Richtung Ziegeleipark Mildenberg, 6 km den unbeschrankten Bahnübergang in einem Links-Rechtsschwenk überqueren ～ am **Ramin-Stich** vorbei.

Ramin-Stich

Tipp: Von rechts trifft die **Naturparktour** auf den Radfernweg Berlin – Kopenhagen.

Weiter auf der verkehrsberuhigten Straße und die Brücke überqueren ～ an den ehemaligen Ziegeleikasernen und einem Lokschuppen vorbei ～ am Ende der Fahrradstraße rechts in eine weitere Fahrradstraße, geradeaus geht es in den Ort Mildenberg ～ der Beschilderung folgend auf das Museumsgelände des Ziegeleiparks Mildenberg.

Ziegeleipark Mildenberg

PLZ: 16792; Vorwahl: 03307

- **Tourist-Information Zehdenick**, Schleusenstr. 22, ☎ 2877
- **Schiffanleger Ziegeleipark Mildenberg**, Fahrgastschiff „Zehdenixe" (s. Zehdenick)
- **Ziegeleipark Mildenberg**, Ziegelei 10, ☎ 310410, ÖZ: April-Okt., tägl. 10-18 Uhr, Überblicksfahrt mit der Ziegeleibahn, Naturparktour mit der Tonlorenbahn, zu sehen sind die alten Werkstätten und Ringöfen und verschiedene Ausstellungen. Hier erfahren Sie einiges rund um die Ziegelherstellung zwischen 1894-1990.
- **Natur-Floss**, Ziegelei 20, ☎ 0173/4320915

🚲 **Marina und Yachtcharter im Ziegeleipark,** ✆ 420504

Mildenberg entwickelte sich gegen Ende des 19. Jahrhunderts zu einem der wichtigsten Orte der Ziegelproduktion in Europa.

Zu dieser Zeit war Ziegelstein der begehrteste Baustoff. In Deutschland verschlang der wirtschaftliche Aufschwung der Gründerzeit große Mengen des aus Ton hergestellten Ziegelsteins für die Errichtung von Fabriken und Häusern. Mit der Erfindung des Hoffmannschen Ziegelringofens 1858 und des maschinenbetriebenen Tonschneiders 1880 war die industrielle Produktion von Ziegelsteinen möglich geworden. Die zeitgleiche Entdeckung des Zehdenicker Ziegeltones und der Ausbau der Havel begünstigten Mildenberg bei der Auswahl als Produktionsort. Große Teile Berlins wurden mit den hier hergestellten Ziegeln erbaut. Bis auf kurze Unterbrechungen während der Weltkriege wurden hier bis 1990 Ziegel produziert.

Die Landschaft an der Oberen Havel wurde durch die über 100 Jahre andauernde Austonung stark in Mitleidenschaft gezogen.

Ziegeleipark Mildenberg

Nach der Stilllegung füllten sich die Tongruben mit Wasser und es entstand eine einzigartige Tonstichlandschaft mit einer seltenen Tier- und Pflanzenwelt.

Tipp: Sie können auch geradeaus über das Gelände des Ziegeleiparks fahren.

Vor dem Gelände des Ziegeleiparks Mildenberg nach links ↝ an der abknickenden Vorfahrt rechts.

Tipp: Von links trifft die Alternativroute aus Gransee auf die Hauptroute.

Es geht durch die idyllische Landschaft und an der Havel entlang ↝ an der Querstraße geradeaus, rechts geht es nach Burgwall hinein.

Burgwall
PLZ: 16792; Vorwahl: 033080

ℹ **Fremdenverkehrsbüro Zehdenick,** Schleusenstr. 22, ✆ 2877, www.fremdenverkehrsbuero-zehdenick.de

⚓ **Schiffsanleger,** Fahrgastschiff „Zehdenixe" (s. Zehdenick)

✳ **Aussichtspunkt am Burgwaller Stich** mit Rastplatz.

✳ **Kanuverleih: Gasthaus zur Fähre,** ✆ 60244

Sie fahren weiter in den Ort Marienthal.

Marienthal
⛪ Fachwerkkirche

Tipp: Empfehlenswert ist ein Abstecher nach Tornow.

Tornow
⛪ Feldsteinkirche (13.Jh.)

⛪ Schloss Tornow (um 1890) errichtet im Stile der Backsteingotik auf Wunsch Fr.-Wilhelm IV.

An der T-Kreuzung links Richtung Zabelsdorf, rechts geht es nach Tornow ↝ auf der **Dorfstraße** durch Zabelsdorf.

Zabelsdorf
⛪ Feldsteinkirche

Nach rechts in die **Neue Dorfstraße** Richtung Wentow ↝ auf der **Zabelsdorfer Straße**

durch **Wentow** ~ am Abzweig geradeaus in die Fahrradstraße ~ sie endet an der Bundesstraße nach Dannenwalde.

Tipp: Für einen Besuch der Stadt Rheinsberg sollten Sie sich auf jeden Fall Zeit nehmen. Es gibt mehrere Möglichkeiten, den Ausflug in Ihre Route einzuplanen. Unser Vorschlag ist, über Zernikow und Menz nach Rheinsberg durch die wunderschöne Mark Brandenburg auf den neugebauten Polzow-Radweg und Stechlinsee-Radweg zu fahren. Sie kehren auf dem gleichen Weg zurück zum Radfernweg Berlin – Kopenhagen.

Tipp: Da der Stechlinsee-Radweg Menz und Neuglobsow miteinander verbindet, können Sie den Ausflug nach Rheinsberg auch von Fürstenberg/Havel und Neuglobsow planen.

Ausflug nach Rheinsberg 37 km

Die Bundesstraße und den Bahnübergang überqueren ~ schnurgeradeaus durch den Ort Seilershof.

Seilershof

Den Richtungsweisern nach Zernikow folgend geradeaus ~ nach zirka 2,5 Kilometern in der Rechtskurve geradeaus in die Fahrradstraße, **Polzow-Radweg** ~ nach 3,5 Kilometern haben Sie Zernikow erreicht.

Zernikow
PLZ: 16775; Vorwahl: 033082

- **Dorfkirche**
- **Gutshaus Zernikow**, Dorfstr. 43, Infos erhalten Sie bei der Aqua Zehdenick GmbH unter ✆ 51288. Veranstaltungen, Ausstellungen, Pension, Gaststätte, **Informationsstelle** etc.
- **Fredersdorff'sches Erbbegräbnis.** Hier liegen M. G. Fredersdorff, seine Gemahlin, deren Tochter aus zweiter Ehe Amalie von Arnim, Mutter des Dichters Achim von Arnim und dessen Bruder begraben.

Friedrich II. schenkte das Gut Zernikow 1740 seinem Kammerherrn Michael Gabriel Fredersdorff, der in den Jahren 1746 bis 1748 ein Gutshaus errichten ließ, vermutlich nach Plänen von Knobelsdorff, dem Freund und Architekten Friedrichs II. Es entstand ein schlichter zweigeschossiger Putzbau im Barockstil. Die Asymmetrien des Gebäudes lassen sich mit Veränderungen während der Bauphase erklären. Ein barocker Garten verband Gutshaus und Kirche miteinander. Unter Fredersdorff entwickelte sich das Gut bald zu einem Mustergut mit Ziegelei und Brauerei.

Nach seinem Tod ehelichte seine Witwe Caroline E. M. von Labes in zweiter Ehe einen Mann aus dem Geschlecht derer von Arnim. Ihr Enkel, der Dichter Achim von Arnim, verbrachte auf Gut Zernikow seine Kindheit.

Nach dem Zweiten Weltkrieg wurde das Gut enteignet und zunächst als russisches Militärlazarett, dann als Flüchtlingsunterkunft verwendet. Der Garten zwischen Gutshaus und Kirche wurde aufgesiedelt. Später erfolgte der Umbau des Gutshauses. Das Obergeschoss wurde in drei Wohnungen geteilt, die bis 1993 genutzt wurden. In den unteren Räumen waren das Gemeindebüro, die Gemeindeschöffenstation, die Gemeindebibliothek und die Eiersammelstelle untergebracht.

Das Gut wurde bis Anfang der 1990er Jahre von einer LPG (Landwirtschaftliche Produktionsgenossenschaft der DDR) verwaltet. Im Gutsinspektorenhaus war bis 1990

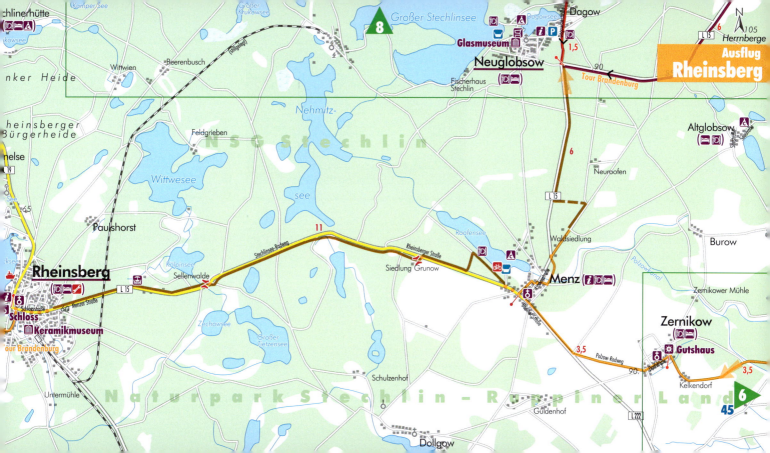

der Dorfkonsum und die LPG-Küche und -Kantine untergebracht. Unter der Leitung der Strukturentwicklungsgesellschaft AQUA wurde Ende der 1990er Jahre begonnen, das Gut unter denkmalpflegerischen Gesichtspunkten langsam zu restaurieren.
Auf der **Dorfstraße** nach links ↝ am Ortsende rechts in den **Polzow-Radweg** ↝ an der Querstraße auf den rechtsseitigen Radweg ↝ Sie fahren bis nach Menz.

Menz
PLZ: 16775; Vorwahl: 033082
- **NaturParkHaus Stechlin**, Kirchstr. 4, ✆ 51210
- **Feldsteinkirche** (1585 vollendet). In der Kirche finden regelmäßig Konzerte und der sog. Umweltsonntag statt.
- **Besucherzentrum des Naturparks „Stechlin - Ruppiner Land"** im NaturParkHaus Stechlin, ÖZ: Mai-Sept., tägl. 10-18 Uhr, Okt.-April, tägl. 10-16 Uhr. Der **Naturpark „Stechlin - Ruppiner Land"** ist das jüngste Großschutzgebiet Brandenburgs. Die Ausstellung über die Kultur und Naturlandschaft des Naturparks steht unter dem Motto „erleben, entdecken, anfassen". Von hier aus können Sie eine 30 km lange „Landschaft zum Hören" Tour mit CD-Begleitung rund um den Stechlinsee unternehmen. Abspielgeräte können geliehen werden.
- **Badestrand Roofensee**, Strandweg

Gutshaus Zernikow

- **Waldpark Roofensee**, Schleusenweg 1, ✆ 6880, auch Bootsverleih

Menz liegt im Naturpark „Stechlin – Ruppiner Land" umgeben von Klarwasserseen und der Menzer Heide.
Herzstück des Ortes ist der Dorfanger. Hier prägen die alte Feldsteinkirche, das alte Schulgebäude mit dem Heimatmuseum, die einstige Oberförsterei mit dem NaturParkHaus und die historischen Hofanlagen die Dorfatmosphäre, die durch den schönen alten Baumbestand aus Linden und Eichen ihren ganz besonderen Reiz hat.
Geradeaus auf der **Rheinsberger Straße** durch Menz in Richtung Rheinsberg ↝ der **Stechlinsee-Radweg** verläuft mal rechts, mal links der Straße ↝ auf der **Menzer Straße** nach Rheinsberg hinein ↝ geradeaus auf der **Schlossstraße** bis zum **Marktplatz** von Rheinsberg, links von Ihnen liegt malerisch das Rheinsberger Schloss.

Rheinsberg
PLZ: 16831; Vorwahl: 033931
- **Tourist-Information**, Markt/Kavalierhaus, ✆ 2059
- **Rheinsberg Tourismus-Service RTS GmbH**, Königstr. 27 (Infoladen), ✆ 39510
- **Fahrgastschifffahrt**: Reederei Halbeck, Markt 11, ✆ 38619
- **Kurt-Tucholsky-Literaturmuseum**, Schloss, ✆ 39007 ÖZ: Di-So 9.30-12.30 Uhr und 13-17 Uhr, Sonderausstellungen, Galerie für moderne Kunst
- **Keramikmuseum**, Damaschkeweg 3, ✆ 349515, ÖZ: tägl. 10-18 Uhr. Das Museum im ehemaligen Spritzenhaus beschäftigt sich mit der Geschichte der Rheinsberger Keramikproduktion.
- **St. Laurentius Kirche**
- **Schloß Rheinsberg mit Schloßmuseum** und Schlosspark mit Pavillon, Musikakademie und Theater, Schlossstraße, ✆ 7260, Ticketservice ✆ 39296, ÖZ: April-Okt., Di-So 9.30-17 Uhr, Nov.-März, Di-So 10-16 Uhr. Das Schloss ist heute Schauplatz kultureller Veranstaltungen, die auch internationale Aufmerk-

Schloss Rheinsberg

samkeit erregen. Das Museum beschäftigt sich hauptsächlich mit der Zeit Friedrichs II.

- **Schlosstheater**, Schlossanlage, Tickets unter ✆ 39296. Die Musikakademie Rheinsberg bespielt dieses Theater; junge Künstler geben hier in Konzerten und Theateraufführungen ihr Bestes. Im Sommer findet das Festival der Kammeroper Schloss Rheinsberg statt.
- **historischer Stadtkern**
- **Kronprinzendenkmal**, vor dem stadtseitigen Eingang zum Schloss.
- **Gasthausbrauerei Rheinsberg**, Besichtigungen können unter ✆ 38080 vereinbart werden.
- **Carstens-Keramik**, Rhinstraße, ✆ 2195, ÖZ: Mo-So 10-18 Uhr, **Rheinsberger Keramik Manufaktur**, Damaschkeweg, ✆ 34950, ÖZ: Mo-So 10-18 Uhr. Seit dem 18. Jh. wird **Keramik** in Rheinsberg produziert. Interessant ist auf jeden Fall ein Besuch bei den Herstellern vor Ort (bitte telefonisch vereinbaren).
- **Stadtschreiber**. Die Stadt pflegt die alte Tradition des Stadtschreibers. Jährlich werden zwei Stipendien von je sechsmonatiger Laufzeit an Schriftsteller vergeben, die das Alltagsgeschehen und ihre Eindrücke zu Papier bringen. Regelmäßig wird aus diesen Aufzeichnungen vorgelesen.
- Eine **Kremserfahrt** durch die Stadt und die nähere Umgebung ist ein Erlebnis. Die Kutscher und Kutscherinnen, die am Marktplatz auf Sie warten, kennen das eine oder andere Histörchen, dass sie gekonnt und gerne zum Besten geben.
- **Schlosspark**. In dem beim Schloss gelegenen Park gibt es einiges zu sehen wie z.B. die Grabpyramide, das Heckentheater, Malesherbes-Säule, den Obelisken, den Orangeriepavillon...
- **Fahrrad- und Sporthaus Thäns**, Schlossstr. 16, ✆ 2622

Rheinsberg liegt inmitten der gleichnamigen Seenkette, einem südlichen Ausläufer der Mecklenburgischen Seenplatte. Im 18. Jahrhundert war Rheinsberg Residenzstadt. 1734 schenkte Friedrich Wilhelm I. seinem Sohn Friedrich, dem späteren Preußenkönig Friedrich II., die Schlossanlage in Rheinsberg. Zwei Jahre dauerte der Umbau nach Plänen von Knobelsdorff, einem Freund des Kronprinzen. Frisch vermählt bezog der Prinz 1736 zusammen mit seiner Frau Elisabeth Christine von Braunschweig-Bevern das neue Domizil. Hier wohnte er bis zu seinem Regierungsantritt im Jahre 1740 weit weg von seinem Vater, zu dem er kein gutes Verhältnis hatte. Über seine Rheinsberger Zeit soll der „Alte Fritz" gesagt haben, sie sei die schönste seines Lebens gewesen. Aber nicht nur königliche Häupter genossen die landschaftlichen Reize und die Ruhe der Natur in und um Rheinsberg, einem größeren Publikum wurde dieser Teil Brandenburgs durch Fontanes „Wanderungen durch die Mark Brandenburg" und durch Tucholskys Liebesgeschichte von Claire und Wölfchen bekannt. In den letzten Jahren hat sich Rheinsberg zu einem Zentrum erstklassiger Konzert-, Opern- und Theaterdarbietungen entwickelt. Zurück zum Ausgangspunkt des Ausfluges, dem Abzweig nach Dannenwalde, radeln Sie auf dem gleichen Weg, den Sie gekommen sind.

Tipp: Sie können auch von Rheinsberg über Menz in den staatlich anerkannten Erholungsort Neuglobsow fahren, wo Sie ebenfalls Anschluss an den Radfernweg Berlin – Kopenhagen haben.

Auf der Hauptroute von **Wentow** kommend nach rechts in die **B 96**, linksseitiger Radweg ↝ nach der **Brücke** zweigt der **Radweg** am Übergang nach rechts über den Parkplatz ab ↝ bis zum Schloss Dannenwalde an der Blumenower Straße radeln.

Dannenwalde

- „Kirche am Wege" (1821)
- **Schloss Dannenwalde**. Das Schloss beherbergt ein NaturFreundeHaus, in dem nicht nur Übernachtungsmöglichkeiten sondern auch verschiedene Veranstaltungen geboten werden.
- **Barfußpfad**. Auf einem ca. 750 m langen Rundweg erfahren Sie bei verschiedensten Stationen mehr über Ihre Füße; gehen sie durch Gras, durch Ton, auf Ziegeln, machen Spiele mit ihren Füßen, vergleichen Sie Ihren Fußabdruck mit dem von Schwein, Biber etc.
- **Umweltbahnhof**

Von Dannenwalde nach Fürstenberg/Havel 20,5 km

An der „Kirche am Wege" vorbeifahrend am folgenden Abzweig links in den **Pozerner Weg** Richtung Bredereiche ↝ nach einer Linkskurve schwenkt die Straße rechts in den Wald ↝ der Fahrradstraße bis Bredereiche folgen.

Bredereiche

- Tourismusverein „Fürstenberger Seenland" e. V. Fürstenberg/Havel, Markt 5, ✆ 033093/32254
- **Fachwerkkirche** (1689)
- Die **Havelschleuse** ist mit ihren Hubtoren und der imposanten Hubhöhe von 3 m ein interessantes Bauwerk.
- **Naturlehrpfad Morgenland**
- **Ziegenkäserei**, an der Schleuse

In Bredereiche stoßen Sie auf die **Blumenower Straße** ↝ geradeaus halten.

Durch Bredereiche geht es auf Kopfsteinpflasterstraßen, beidseitig befinden sich gut befahrbare Pflasterwege.

Auf der **Schleusenstraße** die Havel überqueren ↝ auf der **Dorfstraße** den Ort verlassen ↝ am Ortsausgang rechts in den asphaltierten Radweg bis nach Himmelpfort.

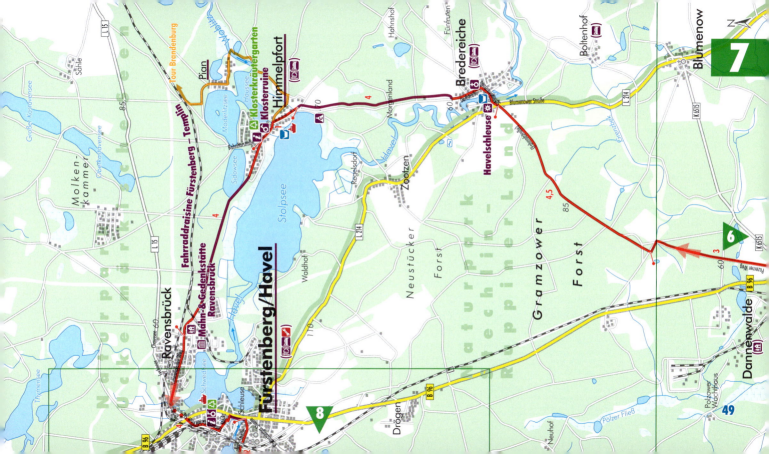

Himmelpfort

PLZ: 16798; Vorwahl: 033089

- **Haus des Gastes Himmelpfort,** Klosterstr. 23, ✆ 41888, www.himmelpfort.de
- **Touristinformation Fürstenberger Seenland e.V.,** Fürstenberg/Havel, Markt 5, ✆ 32254, www.fuerstenberger-seenland.de
- **Fürstenberger Personenschifffahrt,** Buchungen über die Touristinformation.
- **Klosterkirche.** ÖZ: Mo-So 10-16 Uhr. Von der einstigen Basilika ist lediglich das Mittelschiff erhalten, das heute als Kirche dient. Führungen n. V.
- **Ruine des Zisterzienserklosters,** Klosterstr. 33, ✆ 033087/52308, ÖZ: Mai-Sept., Sa/So 14-16 Uhr, Juni-Aug., Di-Fr 11-16 Uhr, Führungen, Konzerte, u. n. V. mit der Pastorin. Teile des Klosters, das nach der Reformation in einen Gutshof umgewandelt worden war, verfielen. Erhalten sind die Arkaden und die westliche Abschlusswand. Im **Klostergarten** können Sie Ihren Orientierungssinn in einem **Irrgarten** testen.

Gasthaus & Pension „Müllerbeek" ★★★★
Klosterstr. 12b, Tel. u. Fax: (033089) 43035
Ruhige Lage, zw. Mühlenfließ u. Stolpsee, direkt am Radfernweg B-K, regionale Fleisch- u. Fischspezialitäten, Kaffee, Kuchen, Eis
4 DZ a 54,- € inkl. Frühst.
1 Appartement (4 Per.) a 85,- € inkl. Frühst.
1 4-Bettzimmer a 75,- € inkl. Frühst.
1 Ferienhaus (bis 8 Per.) 55 - 95,- € ohne Frühst.
Bett & Bike

Himmelpfort – Klosterkirche

- **Himmelpforter Schleuse**
- **Altes Brauhaus.** In dem Gebäude, das zum Kloster gehörte, befindet sich heute die Kunstmalerei „Wolfgang Rau", ✆ 033093/32625 od. 0174/6110213, ÖZ: April-Sept., tägl. 10-12 Uhr und 13-18 Uhr, Okt.-März, Sa/So 10-12 Uhr und 13-18 Uhr.
- **Bootsverleih: Brandenbg.-Mecklenbg. Charterservice,** ✆ 43022; Campingplatz Himmelpfort, Am Stolpsee 1, ✆ 41238; Himmlisch Himmelpfort Charterservice, ✆ 039832/21349
- **Weihnachtspostamt** im Haus des Gastes, Klosterstr. 23, ✆ 41894 od. 41888. Jährlich treffen hier ca. 200.000 an den Weihnachtsmann adressierte Briefe ein.
- **Klosterkräutergarten,** Kloster Himmelpfort, ÖZ: Mai-Sept., Mo-Fr 9-17 Uhr, Sa/So 12-17 Uhr, Okt.-April, Mo-Fr 9-15 Uhr,

Verkauf. Infos erhalten Sie über Ökosolar e.V. Dannenwalde, Blumenower Str. 2, 16775 Dannenwalde, ✆ 033085/70202.

Himmelpfort ist ein hübscher beschaulicher Erholungsort inmitten der Seenkette zwischen Woblitz und Havel. Eine Sage erzählt, dass der Zisterziensermönch Otto beim Anblick der idyllischen Wald- und Seenlandschaft verzückt „Coelia Porta!" ausgerufen habe, was soviel wie „Himmelspforte" bedeutet. Dieser Ausruf wurde gleichsam Name des 1299 gegründeten Zisterzienserklosters und später der Name des heutigen Dorfes.

Besonders bei Kindern ist Himmelpfort bekannt, da es hier das Weihnachtspostamt gibt. In der Adventszeit wird hier die eintreffende Flut von Weihnachtspost von vielen fleißigen Helfern des Weihnachtsmannes beantwortet.

Tipp: Sie können von Himmelpfort verschiedene Ausflüge in die Umgebung unternehmen. Sehenswert ist beispielsweise der Ortsteil Pian.

Pian

1819 wurde in Pian eine Glasfabrik gegründet. Es entstanden eine Glasmachersiedlung mit Arbeiterhäusern, ein Herrenhaus und ein

Dorfkrug. In den folgenden Jahren kamen eine Schule und der Waldfriedhof hinzu. Von 1821 bis 1885 wurde die Glasproduktion erfolgreich betrieben.

In Himmelpfort folgen Sie dem Straßenverlauf ~ auf der **Klosterstraße** an der Klosterruine vorbei ~ weiter auf der **Bahnhofstraße** der Beschilderung Richtung Fürstenberg/Havel nach links folgen ~ am Ortsende geradeaus in die asphaltierte **Fahrradstraße** ~ am Ende rechts in den **Himmelpforter Weg** bis zur Zufahrt zur Gedenkstätte Ravensbrück.

Gedenkstätte Ravensbrück
PLZ: 16798; Vorwahl: 033093
- Tourismusverein „Fürstenberger Seenland" e.V. Fürstenberg/Havel, Markt 5, ✆ 32254
- Mahn- und Gedenkstätte Ravensbrück, Straße der Nationen, ✆ 608-0, ÖZ Gelände: Mai-Sept., Di-So 9-20 Uhr, Okt.-April, Di-So 9-18 Uhr; ÖZ Ausstellungen: Mai-Sept., Di-So 9-18 Uhr, Okt.-April, Di-So 9-17 Uhr; ÖZ Sammlungen, Voranmeldung erforderlich: Di-Do 9-16.30 Uhr. 1938 ließen die Nationalsozialisten unter Anweisung des Reichsführer SS Heinrich Himmler in Ravensbrück das größte Frauenkonzentrationslager des Deutschen Reiches von Häftlingen aus dem KZ-Sachsenhausen errichten. Die 1959 eingerichtete Gedenkstätte erinnert an die Opfer des faschistischen Terrors.

Fürstenberg/Havel

Dem Straßenverlauf des **Himmelpforter Weges** folgen ~ wenn die Straße in einem Rechtsbogen zur **Lychener Chaussee** schwenkt, fahren Sie geradeaus ein kurzes Stück entgegengesetzt in die **Einbahnstraße** ~ ein Stück auf dem Rad- und Fußweg ~ auf der **Ravensbrücker Dorfstraße weiter** ~ an der Kreuzung geradeaus in die **Geldener Straße**, Verlängerung **Luisenstraße** ~ bis zum Bahnhof von Fürstenberg/Havel.

Fürstenberg/Havel
PLZ: 16798; Vorwahl: 033093
- Touristinformation Fürstenberger Seenland e.V., Markt 5, ✆ 32254, www.fuerstenberger-seenland.de

- **Fürstenberger Personenschifffahrt**, Buchungen über die Touristinformation
- **Haus an der Havel**, Motorbarkassen- und Kaffenkahnfahrten, ☎ 39069 oder über die Touristinformation
- **Brandenburgisches Forstmuseum**, Rathenaustr. 16, ☎ 39893; ÖZ: Mai-17. Okt., Di-So 10-17.30 Uhr, Nov.-April auf Anfrage, Führungen nach Anmeldung. Das Museum bietet Einblicke in die Welt der Fortswirtschaft der Vergangenheit.
- **Stadtkirche am Markt**, ☎ 32535, ÖZ: Mai-Okt., Mo-Sa 9-18 Uhr, So 11-18 Uhr, Nov.-April, nach Vereinb. Die Kirche der evang.-luth. Kirchengemeinde wurde 1845-48 im neobyzantinischen Stil erbaut. Sehenswert ist der 7 m lange Batikteppich, der im Kircheninneren über dem Altar hängt.
- **Katholische Kirche**. Auf dem Kachelbild über dem Altar ist die Schutzpatronin der Kirche, die Hl. Hedwig, abgebildet.
- **Neuapostolische Kirche**.
- Das dreiflügelige **Barockschloss** wurde im Jahr 1752 nach Plänen des Architekten Chr. J. Löwe fertiggestellt. Ursprünglich als Witwensitz erbaut, wurde das Schloss in den vergangenen Jahrhunderten unterschiedlich genutzt. Derzeit wird es zu einem Hotel ausgebaut, voraussichtlich 2010 soll es eröffnet werden.
- Die **Röblinseesiedlung** entstand in den 1920er Jahren als feine Villengegend für Berliner „Sommerfrischler".
- **Havelschleuse** mit Schleusenkanal. Mit dem Bau der Schleuse 1834-37 wurde eine Verbindung zwischen Röblinsee und Baalansee geschaffen und damit die Havel über Fürstenberg/Havel hinaus schiffbar.
- **Fahrrad-Draisine Fürstenberg/H.-Lychen-Templin**, Information und Buchung bei der Tourist-Info.
- **Bootsverleih** — Hausboote, Kajaks, Motorbarkassen, Floßfahrten etc., Infos bei der Touristinfo.
- Der **Stadtpark** gegenüber dem Schloss ist beliebter Treffpunkt und Ort interessanter Kulturveranstaltungen.
- **Zweirad Intress**, Markt 6, ☎ 32533
- **Locaboat Holidays**, Ravensbrücker Dorfstr. 26, ☎ 0761/207370
- **Nordlicht GmbH Fürstenberg/Havel**, Brandenburger Str. 33, ☎ 37186

Fürstenberg/Havel ist eingebettet in die facettenreiche Landschaft des Fürstenberger Seenlandes. Umgeben von Buchen und Kiefernwäldern reihen sich die Seen aneinander. Diese Lage bietet nicht nur heutigen Touristen jede Menge Abwechslung und Natur pur, nein schon früher wussten die Herrscher die Lage zwischen den Seen für ihre Machtansprüche zu nutzen: Der askanische Markgraf von Brandenburg nahm in der ersten Hälfte des 13. Jahrhunderts das Gebiet in Besitz und ließ eine Burg errichten. Die askanischen Markgrafen konnten somit nicht nur die Lücke zwischen ihren im 12. Jahrundert erworbenen Ländereien Stargard und Barnim schließen, sondern auch im ursprünglich slawisch besiedelten Gebiet Fuß fassen. In der Mitte des 18. Jahrhunderts wurde das Barockschloss errichtet, das als Witwensitz für die mecklenburgische Herzogin Dorothea Sophia erbaut wurde. Doch nicht nur die Herzogin fühlte sich in der reizvollen Landschaft wohl: Durch den Bau der Berliner Nordbahn war die Stadt gut erreichbar, was immer mehr Leute aus Berlin anlockte. Die Stadt entwickelte sich zu einem anerkannten Luftkurort und war beliebtes Ziel der Berliner Sommerfrischler.

Tipp: Von Fürstenberg führen zwei ausgeschilderte Hauptrouten nach Großmenow: Die erste führt über Steinförde, die zweite über Neuglobsow. Beide Strecken sind glei-

---

... nur noch 20 km zum
Naturkostladen Seewalde
größtes Bio-Angebot zwischen Berlin und Ostsee,
„*Espressotankstelle*", Snacks, Unterkünfte (anmelden) .... und das *direkt am Weg!*
www.Seewalde.de – 039828-20275

chermaßen gut zu befahren. Die erste Route ist kürzer als die zweite, die zweite führt allerdings am schönen Stechlinsee vorbei.
Eine kleine Entscheidungshilfe: Wenn Sie Ihren Ausflug nach Rheinsberg von Fürstenberg geplant hatten, dann fahren Sie auf der zweiten Route weiter.

Von Fürstenberg/Havel über Steinförde nach Großmenow   7,5 km

Am **Bahnhof** der abknickenden Vorfahrt nach links in die **Bahnhofstraße** Richtung Zentrum folgen ↷ an der nächsten Kreuzung rechts in die **Sackgasse**, Kopfsteinpflaster, links geht es zum **Marktplatz** wo sich die Touristinformation befindet ↷ an der **Brandenburger Straße** rechts ↷ zwei Brücken überqueren und an der Schleuse vorbei ↷ nach der Schleuse gleich rechts in die **Steinförder Straße** ↷ durch die **Röblinsee-Siedlung** geradeaus bis nach Steinförde.

Steinförde
PLZ: 16798; Vorwahl: 033093

🛈 Tourismusverein „Fürstenberger Seenland" e. V. Fürstenberg/Havel, Markt 5, ✆ 32254

✉ Waldbad Menowsee

An beiden Abzweigen geradeaus weiter bis in den Ort **Großmenow**.

Von Fürstenberg/Havel über Neuglobsow nach Großmenow   16 km

Am **Bahnhof** der abknickenden Vorfahrt nach links in die **Bahnhofstraße** Richtung Zentrum folgen ↷ an der nächsten Kreuzung links in die **Alte Poststraße**, Kopfsteinpflaster und Einbahnstraße, am **Marktplatz** rechts in die **Brandenburger Straße** ↷ zwei Brücken überqueren und an der Schleuse vorbei ↷ nach der Schleuse gleich rechts in die **Steinförder Straße** ↷ Sie fahren durch die **Röblinsee-Siedlung** ↷

am **Sportplatz** links ↷ in einem Links-Rechts-schwenk geht es weiter ↷ an der **Rheinsberger Straße** rechts ↷ auf dem Radweg bis zum Abzweig nach Dagow und Neuglobsow.
Tipp: Falls Sie den Ausflug nach Rheinsberg noch nicht unternommen haben, dann haben Sie an diesem Abzweig noch einmal die Möglichkeit dazu.

Ausflug nach Rheinsberg   21 km

Um nach Rheinsberg zu gelangen, fahren Sie an dem Abzweig links ↷ auf dem Stechlinsee-Radweg fahren Sie bis nach **Menz** durch den Ort ↷ an der T-Kreuzung rechts bis nach **Rheinsberg**.

Rheinsberg   (s. S. 47)

Sie kehren auf dem gleichen Weg zurück zum Radfernweg Berlin-Kopenhagen.

Auf der Hauptroute biegen Sie am Abzweig rechts Richtung Neuglobsow ab ↷ an der Dreieckskreuzung geradeaus nach Dagow, links geht es in den Ort Neuglobsow hinein und zum **Stechlinsee**.

Neuglobsow
PLZ: 16775; Vorwahl: 033082

- **Touristinformation Neuglobsow**, Stechlinseestr. 17, ✆ 70202, www.stechlin.de
- **Adventskirche**. In der Kirche finden von Juni bis Aug. die Stechliner Sommermusiken statt.
- **Märkisches Glasmuseum**, Stechlinseestr. 21, ✆ 40863 od. 51210, ÖZ: Mai-Sept., Di-So 10-18 Uhr, Okt.-April, Do-So 10-16 Uhr.
- **Bootsverleih** Volkmann, Dagowseestr. 18b, ✆ 70265 od. 70264
- **Naturschutzgebiet Großer Stechlinsee**
- **Badestrand**
- **Stechlin-Touristik**, Stechlinseestr. 15, ✆ 70397
- **Kaufhalle Neuglobsow**, Stechlinseestr. 1, ✆ 0176/65899718

Der Stechlinsee

Der Stechlinsee wird die Perle der Mark genannt. Er ist der größte Klarwassersee Norddeutschlands und gleichzeitig einer der tiefsten Seen Brandenburgs, der vor allem durch Theodor Fontanes gleichnamigen Roman bekannt ist. Es hat sich hier seit Fontanes Zeiten landschaftlich nicht viel verändert – der Dichter beschrieb den See schon damals so, wie Sie ihn heute noch vorfinden.

Waldwiese bei Großmenow

Um diesen See ranken sich viele Sagen. Eine davon handelt von einem roten Hahn. Demnach soll an einer der tiefsten Stellen des Sees ein roter Hahn leben, der aufpasst, dass nicht zuviel und nicht an Stellen gefischt wird, die ihm nicht genehm sind. Als ein stattlicher Fischersmann eines Tages an eben solcher Stelle sein Netz ausgeworfen hatte, stieg der Hahn aus dem Wasser empor und peitschte das Wasser derart mit seinen Flügelschlägen, dass der Fischer betäubt wurde und mit dem Hahn in den Tiefen des Sees verschwand. Der See lag daraufhin ebenso ruhig da wie zuvor.

Auf der **Dagowseestraße** durch **Dagow** ∼ am Abzweig links Richtung Großmenow halten ∼ auf der Fahrradstraße bis zum **Großen Glietzensee**, Land- und Forstwirtschaft frei ∼ rechts halten ∼ an der Kreuzung geradeaus, rechts liegt der **Kleine Glietzensee** ∼ über den **Taterberg** auf dem **Birkenweg** bis zur Querstraße Steinförde – Großmenow ∼ Sie biegen nach links ab und fahren bis nach Großmenow, dem Ort an der **Landesgrenze von Brandenburg und Mecklenburg-Vorpommern**.

Großmenow
Tipp: In Großmenow treffen beide Hauptrouten wieder aufeinander.

Von Großmenow nach Wesenberg 19 km
Tipp: Tipps und Anregungen für Radtouren in der Region der Mecklenburgischen Seenplatte finden Sie im *bikeline*-Radatlas **Mecklenburgische Seen**.

An der Kreuzung in Großmenow nach links in die **Großmenower Straße**, Kopfsteinpflaster ∼ am Ortsende geht es am **Campingplatz** vorbei ∼ weiter auf Asphalt ∼ Sie befinden sich nun in **Mecklenburg-Vorpommern** ∼

am Abzweig links in die gut gepflasterte Straße nach Strasen.

Strasen
PLZ: 17255; Vorwahl: 039828

🛈 **Touristinformation Wesenberg**, Burg 1, ☎ 039832/20621

✱ **Bootsverleih**: Hotel Zum Löwen, ☎ 20285

Nach Ortsende links in die **K 12** ~ in einer Linkskurve folgen Sie den Radwegweisern nach links in einen gekiesten Radpfad ~ anfangs parallel zur Straße, dann in einem Linksbogen von dieser weg ~ geradeaus über die Querstraße ~ auf dem Radpfad am **See** entlang ~ der Weg verläuft in einem Links-Rechtsbogen leicht bergauf ~ Sie gelangen nach dem zweiten See an eine Wegekreuzung ~ nach rechts ~ die **L 251** schräg geradeaus queren und nach Neu Canow hinein.

Neu-Canow
An der Kreuzung im Ort nehmen Sie den unbefestigten Weg nach rechts ~ den Ort verlassen und in den Wald zum **Gobenowsee** hinunter ⚠ Sie kommen an eine starke Gefällestrecke, es ist ratsam abzusteigen ~ weiter durch den Wald ~ links in die **K 6** ~ über die Brücke am **Klenzsee** ~ in der Ortschaft Seewalde

Markt in Wesenberg

folgen Sie auf der Kopfsteinpflasterstraße der abknickenden Vorfahrt nach rechts.

Seewalde
Nach dem Ort rechts in die Allee in Richtung Wald ~ in den ersten unbefestigten Weg nach rechts ~ nach dem Wald auf einer asphaltierten Straße nach Neu Drosedow radeln.

Naturkostladen Seewalde

größtes Bio-Angebot zwischen Berlin und Ostsee, Espressotankstelle, Frisches aus dem Garten, Unterkünfte (anmelden) .... und das *direkt am Weg!*

www.Seewalde.de – 039828-20275

Neu Drosedow
Dem Straßenverlauf nach rechts folgen ~ nach der kleinen Brücke links Richtung Wesenberg ~ auf einem gekiesten Radweg durch den Wald, schlechte Wegstrecke ~ noch vor der **L 251** links in den unbefestigten, straßenbegleitenden Weg ~ kurz vor Wesenberg endet der Radpfad ~ die Bundesstraße queren ~ auf der Straße **Vor dem Wendischen Tor** geht es nach Wesenberg hinein, zur Rechten liegt das Stadtzentrum.

Wesenberg
PLZ: 17255; Vorwahl: 039832

🛈 **Informationsbüro**, Burg 1, ☎ 20621

🚢 **Mirower Schifffahrtsgesellschaft mbH**, Rotdornstraße, Mirow, ☎ 039833/22270

🏛 **Heimatstube und Fischereiausstellung** im Fangelturm, ☎ 20621, ÖZ: Mai, Sept., Mo-Fr 10-17 Uhr, Sa, So 10-14 Uhr, Juni-Aug., tägl. 10-18 Uhr, Okt.-April, tägl. 10-16 Uhr.

🏛 **Spielzeugmuseum „Villa Pusteblume"**, Burgweg 1, ☎ 21305, ÖZ: Ostern-Okt., Mo, Mi-Fr 10-18 Uhr, Sa/So 13-18 Uhr, Nov.- vor Ostern, Mo, Mi-Fr 10-16 Uhr, Sa/So nach Vereinb. Private Sammlung. Die liebevoll zusammengetragene Sammlung zeigt altes Spielzeug (Blecheisenbahn, Dampfmaschinen) und mechanische Musikinstrumente (Orchestrion, Grammophone).

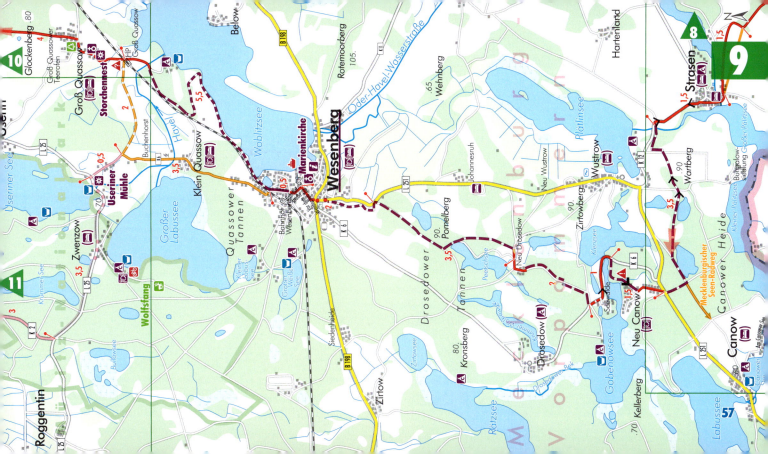

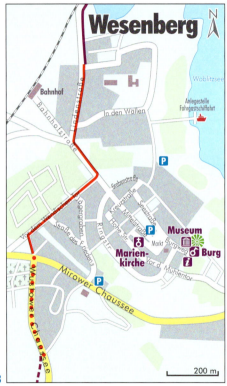

- **Gotische Marienkirche**, ÖZ: Juni-Aug., Mo-Fr 10-11 Uhr und 14.30-15.30 Uhr. Hier wird eine sagenumwobene **Kette** aufbewahrt, die der Teufel persönlich geschmiedet haben soll. Die Roeder-Orgel (1717) erklingt zu den Messen und zu Sommerkonzerten. Neben dem Kircheneingang steht eine **600 Jahre alte Linde**, die den stattlichen Stammumfang von 8 m hat.
- **Reste der Burgmauer** und der **Fangelturm** (Burgturm) zeugen von der einstigen Burg (13. Jh.) des Stadtbegründers Fürst Nikolaus I. von Werle-Güstrow.
- Auf dem **Marktplatz** wurden 1871 acht Linden symbolisch für acht Ratsherren und eine Kastanie in der Mitte symbolisch für den Bürgermeister gepflanzt.
- **Bootsverleih:** Werner, ✆ 20292; Rehfeldt, ✆ 20430; Kanustation am Hafen, ✆ 20568; Kanumühle, ✆ 20350; Westfalen, ✆ 21305; Hänsch, ✆ 20335
- **Müritz-Nationalpark**, Führungen unter ✆ 20621. Weitere Infos zum Nationalpark erhalten Sie beim **Nationalparkamt Hohenzieritz**, ✆ 039824/252-0.
- **Findlingsgarten**, Wustrower Chaussee am Ortsausgang.
- **Rehfeld**, Hohe Str. 9, ✆ 20430
- **Romantik Hotel**, Am Großen Labussee, ✆ 500
- **Ferienpark Pelzkuhl**, Am großen Pälitzsee, ✆ 21349
- **Fahrradboxen** unterhalb der Burg und im Zentrum neben der Sparkasse.

Wesenberg liegt eingebettet in die Landschaft des Müritz-Nationalparks, die von zahlreichen Seen, Wiesen und Wäldern geprägt ist. Der Ort strahlt durch den liebevoll sanierten, historischen Marktplatz, die gotische Marienkirche und die Reste der Burg, die der Kleinstadt ihren Namen gab, eine besonders idyllische Atmosphäre aus.

Von Wesenberg nach Neustrelitz 14,5 km

Sie verlassen Wesenberg auf der **Mittelstraße**, Verlängerung **Bahnhofstraße** ↝ rechts in die **Lindenstraße**, Radweg.

Tipp: ⚠ Der Uferweg am Woblitzsee ist für Anhänger zu schmal und teilweise grob geschottert. Umgehen können Sie ihn auf der Kreisstraße.

Zwischen der **Gartenkolonie** und dem Bahnübergang rechts in den bahnbegleitenden unbefestigten Fuß- und Radweg ↝ den Wald verlassen ↝ geradeaus weiter ↝ auf der Asphaltstraße bis zum Haltepunkt Groß Quassow.

Haltepunkt Groß Quassow

Tipp: ⚠ Der Radfernweg Berlin-Kopenhagen führt Sie jetzt nach Neustrelitz und dann wieder hierher zum Haltepunkt Groß Quassow

Neustrelitz – Rathaus

zurück. Sollten Sie direkt weiterfahren wollen, lesen Sie weiter auf Seite 65, Kartenblatt 11. Nach dem Bahnübergang halten Sie sich rechts und kommen nach Groß Quassow.

Groß Quassow
PLZ: 17237; Vorwahl: 03981

- **Touristinformation Neustrelitz**, Strelitzer Str. 1, ✆ 253119
- **Dorfkirche** mit neogotischer Glocke aus dem Jahr 1520.
- **Storchennest**, auf dem Scheunendach der Fam. Maaß, ✆ 204747. Eine „Ahnentafel" gibt genaue Auskunft über Ankunft und Bruterfolg der letzten Jahre.
- Die 600 Jahre alte **Linde** bildet eine wunderschöne Kulisse für eine Rast.
- **Haveltourist GmbH**, ✆ 24790, auch Kanuzentrum und Wald-Hochseilgarten.

Sie fahren durch den Ort ~ nach dem Friedhof und der **600-jährigen Linde** dem Straßenverlauf nach links folgen ~ durch **Groß Quassow/Teerofen** ~ nach wenigen Kilometern in **Lindenberg** rechts in die **L 25** ~ rund 600 Meter nach der **Brücke** in der Rechtskurve links in den unbefestigten **Franzosensteg** ~ die Bahnlinie queren an der Weggabelung links halten ~ an der Schrebergartensiedlung vorbei ~ parallel zur Bahnlinie ~ linker Hand liegt das **Slawendorf** ~ weiter geradeaus entlang der **Useriner Straße** ~ am Ende des Schlossgartens rechts in die Straße **An der Promenade**, ins **Zentrum** gelangen Sie geradeaus über die **Seestraße** ~ weiter geradeaus entlang der **Tiergartenstraße** ~ im **Kreisverkehr** nehmen Sie die dritte Ausfahrt und gelangen auf der **Friedrich-Wilhelm-Straße** und **Marienstraße** zum Bahnhof von Neustrelitz.

Neustrelitz
PLZ: 17235; Vorwahl: 03981

- **Touristinformation**, Strelitzer Str. 1, ✆ 253-119
- **Hafeninformation**, ✆ 262996
- **Müritz-Nationalpark – Informationszentrum**, Strelitzer

Str. 1, ✆ 203284, ÖZ: Mai-Okt., Mo-Fr 10-17 Uhr, Führungen, Dauer- & Wechselausstellungen, Verkauf von Nationalpark-Produkten. Weitere Infos zum Müritz-Nationalpark und zum Nationalparkticket erhalten Sie beim Nationalparkamt Müritz, ✆ 039824/252-0.

- **Santana-Yachting**, Stadthafen am Zierker See, ✆ 205896
- **Slawendorf – Erlebniswelt am Zierker See**, ✆ 237545 od. 273135, ÖZ: April-Okt., tägl. 10-17 Uhr, Führungen; Fahrt mit einem Slawenschiff, monatliche Aktionstage. Im Slawendorf, eine Nachbildung einer traditionellen Siedlung, werden alte Handwerke gezeigt und können selbst ausprobiert (schnitzen, töpfern u. v. v. a.) werden.
- **Museum der Stadt Neustrelitz**, Schloßstr. 3, ✆ 205874, Regionalgeschichte und Sonderausstellungen.
- **Stadtarchiv**, Fürstenberger Str. 26, ✆ 253240, ÖZ: Di 9-12 Uhr und 13-18 Uhr, Do 13-16 Uhr, Fr 9-12 Uhr.
- **Stadtkirche**, Markt. Die imposante Kirche entstand zwischen 1768 und 1778; der markante Turm im toskanischen Stil wurde erst um 1830 nach Plänen von Friedrich Wilhelm Buttel vollendet.
- **Schlosskirche**, Hertelstraße. Die Kirche, als einschiffige Saalkirche mit freitragender Decke und Empore erbaut, gilt als Meisterwerk des Landesbaumeisters Friedrich Wilhelm Buttel. Die Kirche beherbergt die **Plastikgalerie Schlosskirche**, Infos unter ✆ 253140, ÖZ: Mai-Sept., tägl. 10-18 Uhr.

Neustrelitz – Hebetempel

- **Theater und Orchester GmbH Neubrandenburg/Neustrelitz**, Friedrich-Ludwig-Jahn-Str. 14, ✆ 2770, Service ✆ 206400
- **Stadtführungen**, Mai-Sept., Sa 10.30 Uhr u. n. V.
- **Schlossgarten** und **Schlossgartenensemble**. Der Schlossgarten wurde 1731/32 von Chr. J. Löwe als typischer Barockgarten mit Figuren und Irrgarten angelegt. Mitte des 19. Jhs. erfolgte die Umgestaltung des westlichen Teils zu einem Englischen Landschaftsgarten nach Entwürfen des Gartenbaudirektors P. J. Lenné. Über 50 verschiedene Baumarten wurden angepflanzt. Darunter seltene Arten wie der Judasblattbaum und die Hemlockstanne. Im Schlossgarten befindet sich die im klassizistischen Stil erbaute **Orangerie**, heute ein Restaurant. Das Schloss wurde im Zweiten Weltkrieg zerstört. Ein Besuch der Schlossgartenfestspiele im Sommer ist lohnenswert.

- **Carolinenpalais**, An der Promenade. Das Palais entstand 1850 für die Herzogin Caroline, geschiedene Kronprinzessin von Dänemark. Das Gebäude mit dem Rokoko-Erker erinnert an arabische Bauten und teilweise an die Gotik englischer Burgen.
- **Marktplatz** (1866). Der Markt ist der Mittelpunkt der sternförmigen spätbarocken Stadtanlage (1733), die einmalig in Europa ist. Rund um den Platz stehen die **Stadtkirche** mit dem im toskanischen Stil erbauten Turm und das klassizistische **Rathaus**. Das Rondell mit seinen Wasserspielen lädt zu einer Rast ein.
- In der **ehemaligen Kaserne** befindet sich seit der Sanierung 1998/99 das Einkaufszentrum „Husarenmarkt" und einige Dienstleistungseinrichtungen.
- Die **Luisenstiftung** (1842) ist die älteste Kindertagesstätte Mecklenburgs.
- **Objekte des Kunstrings**: Im Rahmen eines intern. Künstlerlenairs entstanden rund um den See und in anderen Bereichen des Nationalparks diverse Kunstobjekte, wie die „Große Mutter", „Der Turm des Herrn Wu Tao Tse" und die „Ruhezone zwischen Utopie und Katastrophe". Sie sind aus Naturmaterialien entstanden und sollen Werden und Vergehen darstellen.
- **Kulturzentrum Alte Kachelofenfabrik**, Sandberg 3a, ✆ 203145. Seit dem Jahr 2000 ist in der internationalen Jugend- und Künstlerbegegnungsstätte eine Galerie für Gegenwartskunst, ein Kino und eine Kneipe mit Gartenlokal angesiedelt.

- **Bootsverleih**: Wassersportverein Neustrelitz (Kanuverleih), Zierker Nebenstr. 31, ☎ 204338; Santana-Yachting, Zierker Nebenstr. 19, ☎ 205896.
- **Tiergarten**, Am Tiergarten 14, ☎ 2044 -89/-90; ÖZ: Okt.-April, tägl. 9-16 Uhr, Mai u. Sept., tägl. 9-18 Uhr, Juni-Aug., tägl. 9-19 Uhr. Haustiere, Berberaffen, Lamas, einheimische Wildtiere, Streichelgehege, Spielplatz. Das *Hirschtor* bildete ab 1826 das Tor zum Haupteingang des Tiergartens.
- **Schlosskoppel**. In der waldreichen Parkanlage (1794), die seit Mitte des 19. Jhs. unter Schutz steht, sind über 130 Pflanzenarten und 40 Vogelarten beheimatet.
- **Freibad Glambecker See**, ☎ 256988
- **Badestelle Prälank**
- **Fahrradcenter Ballin**, Zierke 36, ☎ 203044
- **Pedal Point**, Strelitzer Chaussee 278, ☎ 441638
- **Stadthafen am Zierker See**, ☎ 262996

Zu Beginn des 18. Jahrhunderts kam es in Folge von Erbfolgestreitigkeiten zur Gründung des Herzogtums Mecklenburg-Strelitz. Der damalige Herzog Adolf Friedrich II. bestimmte Strelitz (heute Strelitz Alt) zur Residenz seines neuen Herzogtums. Nach dem Brand vom 24. Oktober 1712, bei dem die Wasserburg in Strelitz zerstört wurde, verlegte Herzog Adolf Friedrich III.

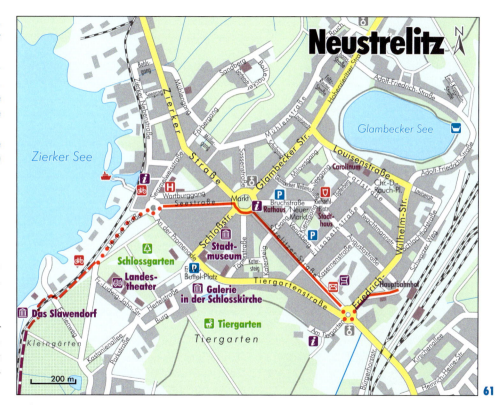

seine Residenz an den Zierker See. Er bezog mit seiner Familie das dortige Jagdschloss, das in den Jahren 1726 bis 1731 nach Plänen von Chr. J. Löwe zum Residenzschloss umgebaut wurde. Verschiedene Umstände verhinderten den Wiederaufbau von Strelitz, so dass sich der Herzog endgültig für die neue Residenz am Zierker See entschloss. Am 20. Mai 1733 gründete er das „neue Strelitz" mit der Zusage zahlreicher Privilegien. Wie bereits der Umbau des Schlosses erfolgte der planmäßige Bau der Stadt nach Entwürfen von Chr. J. Löwe. Im 19. Jahrhundert wirkte der Landesbaumeister Friedrich Wilhelm Buttel (1796-1869) im Großherzogtum Mecklenburg-Strelitz. Er prägte mit seinem sehr lokalen Klassizismus, der Stilelemente der Neogotik mit einbezog, die Architektur, die den Charme des heutigen Neustrelitz ausmacht. Von ihm erbaute Gebäude sind z. B. die Schlosskirche, die Orangerie, das Hirschtor, das Carolinenpalais und das Rathaus.

Aus der Linie der Herzöge Mecklenburg-Strelitz stammten zwei berühmte Prinzessinnen. Die eine, Prinzessin Sophie Charlotte (1761-1818), Königin von England, war die Großmutter von Königin Victoria. Der englische Naturforscher Joseph Banks benannte 1773 die aus dem südlichen Afrika stammende Strelitzie nach der Heimat der von ihm verehrten Königin. 1822 blühte in der Orangerie von Neustrelitz das erste Mal eine Staude auf deutschem Boden. Die andere, Prinzessin Luise (1776-1810), heiratete 1793 den Kronprinzen Friedrich Wilhelm von Preußen. Als Königin wurde sie wegen ihres Engagements und ihrer Natürlichkeit vom Volk sehr verehrt. Ihr plötzlicher Tod 1810 löste eine tiefe Trauer in Preußen aus. Von Hohenzieritz, wo sie auf dem Sommersitz ihrer Familie verstarb, wurde sie in einem langen Trauerzug nach Berlin überführt. Im Park von Schloss Charlottenburg wurde sie im Mausoleum beigesetzt. Die Neustrelitzer Schlossgartenfestspiele – ein Festival mit Freilicht-Operette und vielen anderen Veranstaltungen – widmen sich unter anderem dem Andenken an die populäre Königin.

Von Neustrelitz nach Rostock

207 km

In Neustrelitz beginnen Sie Ihre Entdeckungstour durch die Mecklenburgische Seenplatte. Es geht an glitzernd blauen Seen vorbei, die zum Sprung ins kühle Nass einladen, durch den Müritz-Nationalpark, in dem Sie Fischadler beobachten können, und vorbei an den Havelquellseen bis nach Waren. Dort schweift der Blick weit über den großen Binnensee, der auch das „Kleine Meer" genannt wird. Die schmucken Kleinstädte Güstrow, Bützow und Schwaan laden zum Verweilen ein. Krönendes Ziel der zweiten Etappe ist Rostock mit der mittelalterlichen Architektur, die an die Vergangenheit als Hansestadt erinnert. Vom Überseehafen geht es dann mit der Fähre über die Ostsee nach Dänemark.

Der Radfernweg verläuft nun überwiegend auf ruhigen Nebenstraßen, teils auf Radwegen, teils auf Wirtschaftswegen. Die Beläge sind recht unterschiedlich, es gibt befestigte und unbefestigte Wege, Kopfsteinpflaster und Betonspurbahnen, die nicht immer gut zu befahren sind. Auf dieser Etappe gibt es wesentlich häufiger Steigungen als auf der ersten.

Von Neustrelitz nach Ankershagen 37,5 km

Tipp: Sie können 1,5 Kilometer abkürzen, wenn Sie über Userin fahren. Dafür müssen Sie allerdings die befahrene Straße in Kauf nehmen.

Userin
PLZ: 17237; Vorwahl: 03981

- Vylym-Hütte, ✆ 204395; ÖZ: Mai-Aug., Do 18-21 Uhr u. n. V., Ansprechpartner Hr. Schmidt, Bauernende 18. Vogelkundliche Ausstellung und Tierwelt der oberen Havelseen.
- Reiten: Breesenhof, ✆ 203853

Von Neustrelitz gelangen Sie auf der Hauptroute auf dem gleichen Weg zurück zum Haltepunkt Groß Quassow.

Haltepunkt Groß Quassow

Am Haltepunkt Groß Quassow rechts in die Pflasterstraße ↝ an der T-Kreuzung rechts ↝ an der folgenden T-Kreuzung links ↝ an der **Useriner Mühle** vorbei ↝ eine Brücke überqueren und auf dem Radweg in den Ort Zwenzow.

Zwenzow

- Der alte **Wolfsfang** wurde bis ins 19. Jh. als Falle für Wölfe genutzt.
- Villa Kunterbunt, ✆ 039832/28100

Sie durchfahren Zwenzow auf der Straße ↝ weiter auf dem Radweg **Richtung Roggentin** ↝ vor der nächsten Linkskurve rechts und auf der **K 2** nach Blankenförde hinein.

Neustrelitz – Zierker See

Blankenförde
PLZ: 17237; Vorwahl: 039829

- Nationalpark-Information, Blankenförde 30, neben der Fachwerkkirche. Nicht nur Informationen zu Freizeitangeboten in der Region, sondern auch Ausstellung zum Renaturierungsprojekt Zotzensee.
- Kirche (1702), rechteckig und in Fachwerkbauweise erbaut.
- Fischerhaus Blankenförde, ✆ 20212, auch Bootsverleih

In Blankenförde folgen Sie nach der Kirche und der Gaststätte der links abknickenden Vorfahrt und fahren nach **Babke** ↝ weiter in Richtung **Havel-Fischerei** ↝ weiter auf den Betonspurplatten, forst- und landwirtschaftlicher Verkehr frei ↝ an der Vorfahrtstraße kurz vor Granzin nach rechts wenden, der Ort liegt links.

Granzin
PLZ: 17237; Vorwahl: 039822

- Fremdenverkehrsverein „Havelquellseen" Kratzeburg, Dorfstr. 24, ✆ 0700/38842835
- Kirche
- **Töpferhof Steuer**, Granzin 4, ✆ 20242, ÖZ: Mai-Okt., 10-19 Uhr, Ausstellungen, Schaudrehen auf der Töpferscheibe, Verkauf, Kaffee und Kuchen, Rastplatz und Kanuvermietung.
- Kutschfahrten durch den Nationalpark: Rabe, ✆ 20366
- Kormoran Kanutouring, ✆ 29888, auch Bootsverleih, Kanufahrten, Führungen durch den Müritz-Nationalpark.

Von Granzin fahren Sie auf dem Radweg weiter nach Dalmsdorf.

Töpferhof Steuer
Dorfstrasse 4
direkt im Ort Granzin
täglich: 9⁰⁰-18⁰⁰ geöffnet

- **Hofcafé** mit Idyll. Ambiente, Seeblick
- **Töpferei**, Kanus
- **Kunsthof**, Übernachtungen
- **Zimmervermittlung**

Tel.: 039822-20242
www.toepferhof-steuer.de

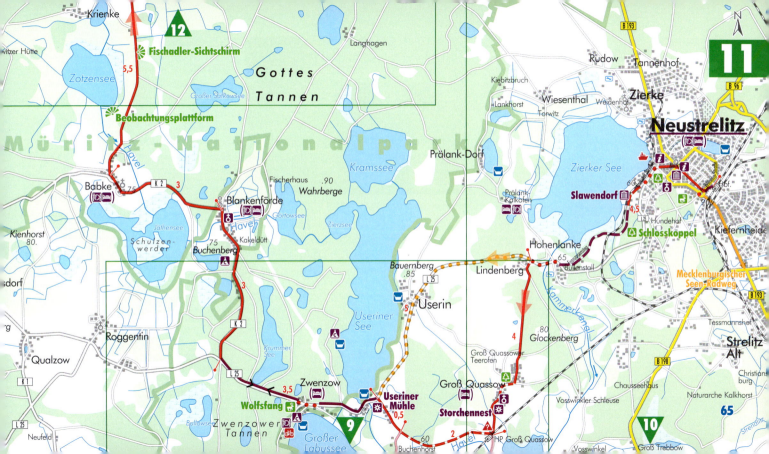

Dalmsdorf
PLZ: 17237; Vorwahl: 039822
- ℹ️ Fremdenverkehrsverein „Havelquellseen" Kratzeburg, Dorfstr. 24, ✆ 0700/38842835
- ✴ Kutschfahrten durch den Nationalpark: Geiger, ✆ 20441
- 🚴 Radlerrast Hecht, ✆ 0172/3014818, auch Bootsverleih, Kanufahrten, Führungen durch den Müritz-Nationalpark.

Am Ortseingang wechselt der Radweg auf die andere Straßenseite ~ dem Straßenverlauf durch den Ort folgen ~ nach der Eisenbahnbrücke rechts, auf den Betonspurplatten geht es nach Kratzeburg.

Kratzeburg
PLZ: 17237; Vorwahl: 039822
- ℹ️ Fremdenverkehrsverein „Havelquellseen e. V.", Dorfstr. 24 ✆ 0700/38842835, www.havelquellseen.de
- ℹ️ Müritz-Nationalpark-Information Ulmenhof, Dorfstr. 31, ✆ 20088, ÖZ: Mai-Okt., 10-17 Uhr. Ausstellung „Das Havel-Quell-Gebiet", außerdem ist im Flatterhus eine multimediale Fledermausausstellung zu sehen; Führungen.
- 🏛 In der Fachwerkkirche (1786) ist ein schöner Schnitzaltar zu sehen.
- ✴ Wollwerkstatt Schafsgaben, Dorfstr. 24, ✆ 20322, ÖZ: Mai-Sept., Di-Do 10-15 Uhr u. n. V.
- 🚴 Campingplatz „Naturfreund", Dorfstr. 3, ✆ 20253

In Kratzeburg dem Straßenverlauf folgen ~ kurz vor dem Ortsausgang nach links wenden ~

Flötenberg

zunächst auf einem Sandweg, dann weiter auf Betonspurplatten, land- und forstwirtschaftlicher Verkehr frei ~ Sie kommen nach Pieverstorf.

Pieverstorf
- ✴ Bronzezeitlicher Burgwall

In Pieverstorf halten Sie sich links ~ auf der schlecht gepflasterten Straße durch den Ort ~ Sie verlassen Pieverstorf auf einem unbefestigten Weg ~ immer geradeaus, linker Hand liegt der Flötenberg ~ weiter geht es auf einem zweispurigen Betonplattenweg.

Tipp: Links zweigt ein Feldweg zur Havelquelle ab, dort haben Sie Gelegenheit für eine gemütlichen Rast.

Tipp: Sie können dem Radweg entlang der Havel zum Beispiel wieder nach Berlin zurück oder bis an die Elbe folgen. Dabei unterstützt Sie das *bikeline*-Radtourenbuch **Havel-Radweg**.

Weiter auf Asphalt ~ in einem Rechtsbogen nach Ankershagen hinein.

Ankershagen
PLZ: 17219; Vorwahl: 039921
- ℹ️ Gemeinde Ankershagen, Am Nationalpark 10, ✆ 35046
- 🏛 Heinrich-Schliemann-Museum, Lindenallee 1, ✆ 3252, ÖZ: April-Okt., Di-So 10-17 Uhr, Nov.-März, Di-Fr 10-16 Uhr, Sa 13-16 Uhr. Das Museum zeigt in dem restaurierten Fachwerkhaus, in dem Schliemann seine Jugend verbrachte, die Dauerausstellung „Heinrich Schliemann — Leben, Wirken und Gedenken". Schliemann (1822-1890) war Altertumsforscher, Wiederentdecker der mykenischen Kultur und Troja-Ausgräber. Auf dem Außengelände ist eine Nachbildung des Trojanischen Pferdes zu sehen.
- 🏛 Die Feldsteinkirche wurde um 1200 erbaut und weist frühgotische und romanische Stilelemente auf. Die Kirche zählt zu den ältesten noch erhaltenen Feldsteinkirchen Mecklenburgs.

Silberschälchen
...Fischessen zum Erlebnis gemacht
3* Pension & Restaurant
6 Doppelzimmer SatTV/Dusche/WC
Tel./Fax: 039921 / 3210 Mobil: 0160 / 99 71 31 31
Lindenallee 8   17219 Ankershagen
www.pension-silberschaelchen.de

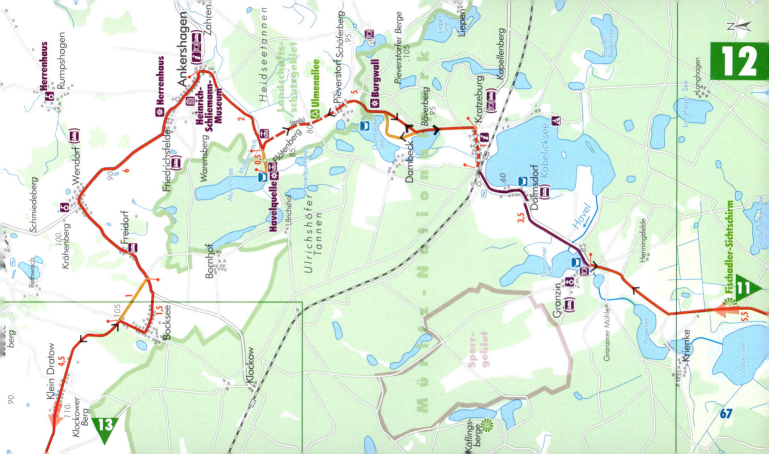

- Das **Herrenhaus** wurde im 16. Jh. im Renaissancestil erbaut, der Putz besteht aus Glasscherben aus der gutseigenen Glashütte.
- **Spätmittelalterliche Wehranlage** mit Graben, Wehrmauer, Castell und Wehrschloss (16. Jh.). Bei der einst auf dem Schloss ansässigen Familie v. Oertzen war von 1759-62 **Johann Heinrich Voß**, Humanist und Erstübersetzer klassischer griechischer Literatur, als Hauslehrer tätig.
- **Havelquelle.** Im Jahr 2007 wurde an der Waldlichtung bei Ankershagen die Havelquelle neu eingefasst. Auf einem Obelisken stehen die Namen der Orte, die von der Havel von Ankershagen bis Havelberg durchflossen werden.

Von Ankershagen nach Waren (Müritz) 29,5 km

Sie biegen an der T-Kreuzung links in die **Lindenallee** ein und fahren durch Friedrichsfelde.

Friedrichsfelde
PLZ: 17219; Vorwahl: 039921

- Gemeinde Ankershagen, Am Nationalpark 10, ✆ 35046, auch **Müritz-Nationalpark-Information**, ÖZ: Mai-Okt., tägl. 9-18 Uhr, Nationalparkführungen, Live-Beobachtung der Störche per Videokamera, Ausstellungen zu Mykene (vgl. Schliemann-Museum), Johann-Heinrich-Voß-Gedenkzimmer.
- **Gutshaus Friedrichsfelde**, Gutsparkanlage und Findlingsgarten
- **Kutschfahrten:** Blankschän, ✆ 3141
- Gemeinde Ankershagen, Am Nationalpark 10, ✆ 35046

Es geht weiter nach Wendorf.

Wendorf
- **Schloss** und **Schlosspark Wendorf** (19. Jh.). Das Schloss wurde in den 1990er Jahren nach historischen Plänen rekonstruiert; botanischer Lehrpfad im Garten, Übernachtungsmöglichkeiten, Café etc.

An der Kreuzung im Ort links in die **Freidorfer Straße** nach Bocksee weiter nach Freidorf.

Freidorf
PLZ: 17219; Vorwahl: 039921

- **Schulbauernhof Paradies**, Dorfstr. 5, ✆ 35110, Wildpferdgestüt, Steinbackofen mit Schaubacken und Verkauf.

Dann geht es über die Orte **Bocksee** und **Klein Dratow** nach **Groß Dratow**.

Groß Dratow
PLZ: 17192; Vorwahl: 039934

- **Feldsteinkirche**
- **Alte Schmiede,** ✆ 7980. Der alte Backsteinbau wurde 1860 als Dorfschmiede errichtet. Heute gibt es hier eine Gaststätte.

Auf der Vorfahrtsstraße an der Kirche und dem **Gasthaus Hochzeitsschmiede** vorbei im Ort der Beschilderung folgen in der Linkskurve

Schloss Wendorf

kurz vor Ortsende geradeaus in den zweispurigen Betonplattenweg nach dem **Bauernhof** links, Betonspurplatten es geht hinauf **Richtung Federow/Müritz Nationalpark** ab dem Friedhof weiter auf dem gepflasterten Weg nach **Schwastorf** hinein an der Vorfahrtstraße halten Sie sich links und gleich wieder rechts Sie fahren nach Kargow, zunächst auf wechselndem Bodenbelag, ab dem Bahnübergang auf einer asphaltierten Straße.

Kargow
In Kargow geradeaus auf die abknickende Vorfahrtsstraße über einen unbeschrankten **Bahnübergang** und dann parallel zu den Bahngleisen bis **Kargow-Unterdorf** nach der Bahnunterführung halten Sie sich gleich rechts und kommen direkt nach Federow.

Federow
PLZ: 17192; Vorwahl: 03991

- **Hörspielkirche**, Mühlenstr. 13, ✆ 61370, ÖZ: 9. Juli-10. Sept., tägl. ab 11 Uhr, Hörspiele 19 und 21 Uhr.

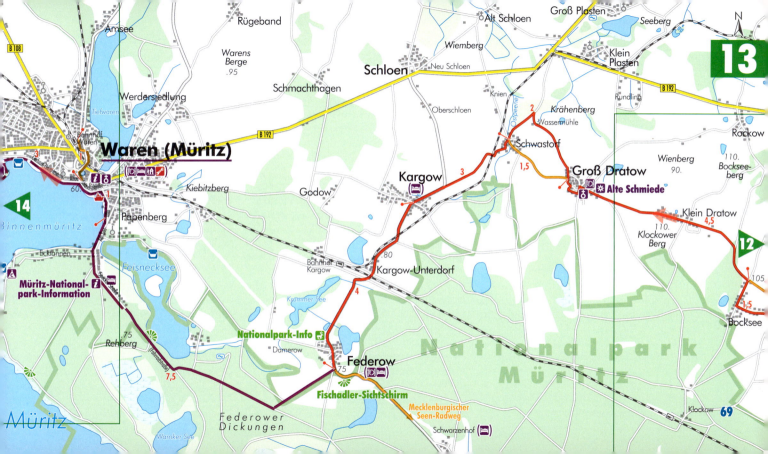

Waren (Müritz)

der Straße **Am Seeufer** an dem Abzweig in der Rechtskurve links in Richtung Hafen am Stadthafen mit Marina des Luftkurortes Waren vorbei, geradeaus vor Ihnen liegt die **Altstadt**.

Tipp: Für Touren durch den Nationalpark bietet sich das Müritz Nationalpark Ticket an, mit dem Sie die Bus- und Schiffslinien des Parks nutzen können (Infos S. 11).

Waren (Müritz)
PLZ: 17192; Vorwahl: 03991

- **Waren (Müritz) Kur- und Tourismus GmbH**, Neuer Markt 21, ☎ 666183, Ausstellung: Der Müritz-Nationalpark und Galerie.
- **Information**, Specker Straße, ☎ 662786, Infos über den Müritz-Nationalpark, das **Nationalparkticket** und naturkundliche Führungen, auch 🚲
- **Fahrgastschifffahrt: Müritzer Flotte**, Strandstraße/Steinmole, ☎ 666664; **Warener Schifffahrtsgesellschaft**, Am Stadthafen, ☎ 663034; **Weisse Flotte Müritz**, Kietzstr. 17, ☎ 122668
- **Müritzeum NaturErlebnisZentrum**, Friedenstr. 5, ☎ 633680, ÖZ: April-Okt., Mo-So 10-19 Uhr, Nov.-März, Mo-So 10-16 Uhr. In dem 2007 neu eröffneten Naturerlebniszentrum gilt das Motto „Die Region mit allen Sinnen erleben". In multimedialen, interaktiven Ausstellungen wird dem Besucher die Geschichte und Natur der Region näher gebracht. Ein großzügiger Außenbereich bietet u.a. einen Naturlehrpfad, einen Abenteuerspielplatz, einen Aussichtsfenster etc. Außerdem ist das größte Süßwasseraquarium Deutschlands zu sehen.
- **Stadtgeschichtliches Museum im Neuen Rathaus**, Neuer Markt, im Haus des Gastes, ☎ 177137, ÖZ: Mai-Sept., Mo-Fr 10-18 Uhr, Sa, So/Fei, 14-17 Uhr, Okt.-April, Mo-Fr 9-17 Uhr, Sa, So/Fei 14-17 Uhr. Ausstellung zur Geschichte der Stadt und ihrer Bewohner, Richard-Wassidlo-Gedenkraum, **Historische Kachelöpferei**, ☎ 177138, ÖZ nach Absprache.
- **Militärhistorisches Marinemuseum Müritz**, Lange Str. 3, ☎ 664730, ÖZ: Mo-So 10-12 Uhr und 13-18 Uhr. In dem 2004 eröffneten Museum werden an die 1000 Marinegegenstände ausgestellt.
- **Fischereimuseum**, Am Seeufer 73, ☎ 153425, ÖZ: Mai-Okt., tägl. 10-17 Uhr.
- **Marienkirche**, St.-Marien-Kirchplatz, **Aussichtsturm**. Mehr als 800 Jahre Architekturgeschichte ließen ein harmonisches Gesamtensemble entstehen.
- **Georgenkirche** (1200), St.-Georgen-Kirchplatz
- Rund um den **Neuen Markt** bestimmen das **Neue Rathaus** (19. Jh.) und die typischen **Giebel- und Traufhäuser** (18./19. Jh.) das Bild.
- **Freilichtbühne Waren (Müritz)**, Am Mühlenberg, Tickets unter ☎ 01805/288244 (12 Cent/Min.). Zwischen Ende Juni und Anfang Sept. wird auf dieser Bühne die Müritz-Saga aufgeführt.
- **Haus des Gastes**. Das Fachwerkhaus (Ende 18. Jh.) war ehemals Wohnort einiger prominenter Bürger Warens. Heute ist hier die **Müritz-Information** und die **Löwen-Apotheke** untergebracht.
- **Kutschfahrten**: Odebrecht, Papenbergstr. 44, ☎ 666528
- **Bootsverleih**: Tiefenwarensee; Stadthafen; Camping Kamerun, ☎ 122406; Camping Ecktannen, ☎ 668513; Barczynski, ☎ 666690; Schützler, G.-Hauptmann-Allee 10, ☎ 125917; Kaminski, An der Reek 15, Eldenburg, ☎ 165794

- **Müritz-Nationalpark-Service**, Info-Haus Federow, ☎ 668849, Führungen, Radreisen, Kartenshop, mit Fischadler Videoüberwachung, auch 🚲
- **Fischadler Sichtschirm**

Sie fahren zunächst auf einer Kopfsteinpflasterstraße an der Kreuzung geradeaus in der Linkskurve am Ortsende rechts in den gut ausgebauten **Radweg** an der nächsten Gabelung rechts in den Wald hinein nach knapp 100 Metern nach rechts abbiegen, Fahrradstraße am nächsten Abzweig weiter geradeaus und bis zur Stadtgrenze von Waren weiter auf dem linksseitigen Radweg parallel zur **Specker Straße**, auf der linken Seite liegt der **Müritz-Nationalpark-Eingangsbereich** geradeaus auf

Waren (Müritz) - Haus des Gastes

- **Badestellen**: Müritz: Ecktannen, Volksbad; Kölpinsee, Feisnecksee.
- **Fahrrad-Stationen Müritz**, Am Seeufer 75, ✆ 669407
- **Zweiradhaus Karberg**, Lange Str. 46, ✆ 666080
- **Burau Mobil**, Lloydstr. 2b, ✆ 732550

Die Stadt Waren liegt idyllisch am Nordufer des größten Binnensee Deutschlands, der 117 Quadratkilometer großen Müritz, und am Rande des Landschaftsparadieses „Müritz-Nationalpark". Sie ist ein beliebter Luftkurort, die seit dem Beginn des 19. Jahrhunderts Erholungssuchende willkommen heißt.

Waren entstand im 13./14. Jahrhundert durch das Zusammenwachsen der beiden Siedlungskomplexe, die um die Georgenkirche (1260/70) und die Marienkirche

(ab 1300) entstanden waren. In der ersten Hälfte des 13. Jahrhunderts wuchsen beide Ansiedlungen auf Höhe des heutigen Neuen Marktes zusammen.

Tipp: Waren ist ein zentraler Radknotenpunkt der Mecklenburgischen Seenplatte. Falls Sie Ihren Aufenthalt in dieser wunderschönen Region verlängern oder zum Rad fahren noch einmal gesondert hierher zurückkommen möchten, werden Ihnen der *bikeline*-Radatlas **Mecklenburgische Seenplatte** und die *bikeline*-Radkarte **Mecklenburgische Seen** mit zahlreichen Touren durch die gesamte Region verlässliche Begleiter sein.

Von Waren nach Linstow　　　33 km

Vom Hafen aus weiter auf der **Müritzstraße** ⤳ links in die **Strandstraße** ⤳ links in die **Kietzstraße** ⤳ geradeaus auf dem straßenbegleitenden Radweg entlang der **Gerhart-Hauptmann-Allee** ⤳ im Rechtsknick der Straße nach links ⤳ am **Volksbad** entlang und immer so nahe wie möglich am Ufer halten ⤳ vor dem **Campingplatz** zweigen Sie rechts vom Ufer in die Straße **Zur Stillen Bucht** ab.

Schloss Klink

Tipp: Geradeaus können Sie entlang des schönen Müritz-Ufers zum Schloss Klink radeln.

Ausflug zum Schloß Klink　　14 km

Folgen Sie der Beschilderung des Mecklenburgischen Seen-Radwegs immer am Ufer entlang nach Klink.

Klink
PLZ: 17192; Vorwahl: 03991
- **Tourismus-Information**, Schlossstr. 1, ✆ 1822722
- **Kirche** (1736/42)
- **Schloß Klink** (1896-1898). Das Schloss wurde von der Familie von Schnitzler in Anlehnung an die Loire Schlösser errichtet. Es wird heute als Hotel genutzt.
- **Bootsverleih: Sun-Sailing**, Schulstr. 7, ✆ 123156; Sail-Point, Müritz-Hotel, ✆ 141977
- **Naturdenkmal „Jeffreys Kiefer"**. Diese exotische Kiefernart bildet Nadeln mit bis zu 25 cm und Zapfen mit bis zu 30 cm Länge aus.
- **Müritz Hotel**, ✆ 141855
- **Huth**, Müritzstr. 4, ✆ 122979

Auf dem gleichen Weg geht es zurück zur Hauptroute.

Auf der Straße **Zur stillen Bucht** bis zur B 192 ⤳ an der Ampelkreuzung geradeaus in die Straße **Eldenholz** ⤳ auf der Siedlungsstraße bis zum Abzweig vor dem **Torbogenhaus** ⤳ rechts in die Fahrradstraße ⤳ immer geradeaus bis zur Querstraße nach Damerow, das links von Ihnen liegt.

Damerow
PLZ: 17194; Vorwahl: 039929
- **Fischerei Damerow**, Dorfstr. 7a, ✆ 70702; ÖZ: April- Sept.
- **Wisenreservat – Forstamt Nossentiner Heide**, Naturschutzgebiet Damerower Werder, Infos erhalten Sie bei der Revierförsterei Jabel, Lindenstr. 6, ✆ 70202, ÖZ Reservat: tägl. 9-17 Uhr, Fütterungszeiten: tägl. 11 Uhr und 15 Uhr, ÖZ Info-Hütte: Ende April-Ende Okt. Das 320 ha große Gehege ist ein idealer Lebensraum für das europäische Wisent (Wildrind), das zur Gattung der Bisons gehört. Der heutige Bestand (rund 30 Tiere) geht auf ein polnisches Wisentpaar

zurück, das hier 1957 angesiedelt wurde. Mit der Zucht in den vergangenen Jahrzehnten konnte das Wisent vor dem Aussterben bewahrt werden.

⚠ **Naturpark Nossentiner/Schwinzer Heide**, Infos erhalten Sie unter ✆ 038738/70292.

Der Naturpark Nossentiner/Schwinzer Heide ist eine 36.500 Hektar große geschützte Kulturlandschaft. Kernstück des Naturparks bildet eines der größten Waldgebiete Mecklenburg-Vorpommerns. Zum Naturpark gehören Klarwasserseen, Bäche, Flüsse, Heideflächen, Moore, Sümpfe und Brüche. Gut beschilderte Wanderwege führen durch das einzigartige Areal, das Rückzugsgebiet für See- und Fischadler, für Rohrdommel und Rohrsänger, für Fischotter sowie zahlreicher Pflanzenarten ist. Rechts abbiegen und einen Bach überqueren ↝ am Jabelschen See vorbei ↝ an der T-Keuzung links ↝ auf der verkehrsreichen Straße durch Jabel hindurch.

Jabel
PLZ: 17194; Vorwahl: 039929

♿ Nach einem Brand wurde die **Kirche** (13. Jh.) im 19. Jh. im neogotischen Stil wieder aufgebaut. Auf dem Friedhof ist der Küster Suhr beerdigt. Fritz Reuter machte während seines fünf Monate dauernden Aufenthaltes in Jabel Bekanntschaft mit ihm. In seinem Buch „Ut mine Stromtid" gab er dem Küster den Namen „Suer".

✱ Umgeben von alten Linden bildet der **Pfarrhof** mit der Scheune und der ehemaligen Bäckerei ein sehenswertes Ensemble.

♻ Neben dem Pfarrhaus (hinter der Scheune) steht eine **250 Jahre alte Eibe**, ein Naturdenkmal. Sie zählt zu den mächtigsten und schönsten Eiben Mecklenburgs (4,35 m Stammumfang). Am Ortsausgang Richtung Nossentin steht ein weiteres Naturdenkmal – die sog. „**Klosterhauptmannstanne**". Die skurril gewachsene Kiefer bezeichnete einst die Gemarkungsgrenze im Ort.

Auf der **Dorfstraße** zunächst in Richtung Nossentin ↝ Sie queren Schienen ↝ **vor dem** zweiten **Bahnübergang** in der Linkskurve geradeaus ↝ ⚠ den Wanderweg-Schildern Richtung Loppin folgen und in den **Naturpark Nossentiner/Schwinzer-Heide** hinein ↝ die Einfahrt in den Naturpark ist durch Baumstämme gekennzeichnet ↝ auf dem unbefestigten Weg rund 2,5 Kilometer durch den Wald ↝ auf Höhe des **Jugendwaldheimes** steil bergab ↝ an einer Kreuzung geradeaus in die asphaltierte Straße nach Loppin.

Loppin

Im Ort auf Höhe der **Bushaltestelle** links in den unscheinbaren, unbefestigten Waldweg, Sandweg mit Mittelgrasnarbe ↝ an der Gabelung nach knapp 2,5 Kilometern links halten ↝ an der T-Kreuzung rechts ↝ die nächste Querstraße überqueren ↝ geradeaus an der **Schranke** vorbei ↝ auf dem **unbefestigten Weg** schnurgerade durch den **Wald** ↝ der Weg endet an einer Schranke ↝ geradeaus weiter auf der **Asphaltstraße** bis Drewitz.

Drewitz
PLZ: 17214; Vorwahl: 039927

♿ Die heutige **Jagd- und Naturpark Residenz** war der ehemalige Jagdsitz des einstigen Staatsratsvorsitzenden der DDR, Erich Honecker.

⚠ Naturpark „Nossentiner/Schwinzer Heide", Nationalpar-

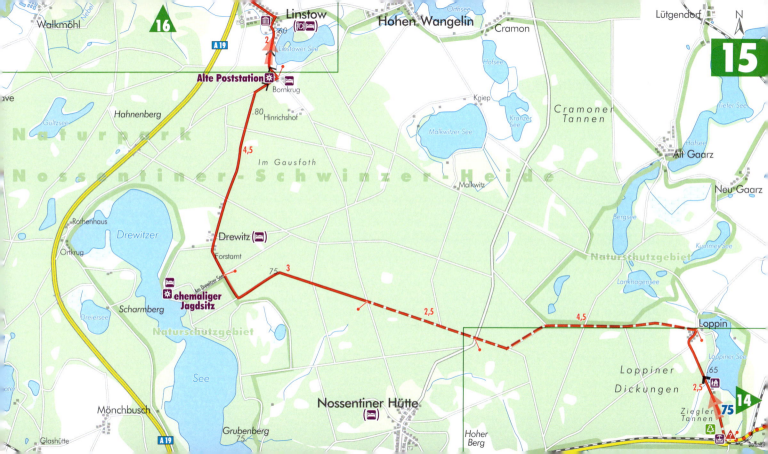

Jabelscher See

kamt **Mecklenburg-Vorpommern**, Naturparkverwaltung „Nossentiner/Schwinzer Heide", Ziegenhorn 1, 19395 Karow, ☎ 038738/73840.

🚲 **Jagd- und Naturpark Residenz**, Am Drewitzer See 1, ☎ 7670, auch Bootsverleih.

Auf etwas schlechterem Asphalt weiter geradeaus ～ an der T-Kreuzung kurz vor dem nächsten Ort rechts ～ Sie kommen nach **Bornkrug** ～ links in **Richtung Krakow am See** ～ mit schönem Ausblick auf den **Linstower See** weiter ～ über das **Flüsschen Nebel** nach Linstow hinein.

Linstow
PLZ: 18292; Vorwahl: 038457
ℹ️ **Touristinformation Krakow am See**, Lange Str. 2, ☎ 22258

🏛️ **Wolhynier Umsiedler Museum**, ☎ 51963, ÖZ: Di-Fr 13-16 Uhr, Sa-So 14-16 Uhr. Führungen n.V. Im einstigen Umsiedlerhaus ist seit 1993 ein Museum zum Gedenken an das Schicksal der Wolhynier untergebracht.

🏛️ **Harzer Museum**, ☎ 23690 u. ☎ 30431; ÖZ: Dr.Fr 13-16 Uhr, Sa-So 14-16 Uhr. Führungen n. V. Das Museum vermittelt Wissenswertes über den Beruf des Harzers.

✉️ **Erlebnisbad**, Van der Valk Resort, Krakower Chaussee 1, ☎ 70.

Im 18. Jahrhundert hatten sich deutsche Handwerker in der westukrainischen Region Wolhynien niedergelassen. Während des Zweiten Weltkrieges waren sie durch den Hitler-Stalin-Pakt gezwungen, diese zu verlassen. Nach dem Krieg fanden deutschstämmige Wolhynier in Linstow eine neue Heimat.

Von Linstow nach Krakow am See   18,5 km
An der Kreuzung im Ort links auf die Hauptstraße ～ die **Autobahn** überqueren, hier beginnt ein **Radweg** ～ auf Höhe der Ortschaft Dobbin, die zur Linken liegt, nach rechts ～ nach zirka 150 Metern schwenkt der Weg nach links, **zweispuriger Betonplattenweg** entlang einer **Eichenallee** ～ am Abzweig rechts halten ～ zunächst **Betonspurplatten**, dann unbefestigter Weg ～ an der Weggabelung nach rechts,

Bei Neu Dobbin

schlechte Wegstrecke ～ bei den ersten Häusern und der **Hochspannungsleitung** links in die **asphaltierte Straße** nach Neu Zietlitz.

Neu Zietlitz
PLZ: 18292; Vorwahl: 038457
ℹ️ **Touristinformation Krakow am See**, Lange Str. 2, ☎ 22258

✴️ **Kremserfahrten**: Bülau, Krakower Str. 18, OT Kuchelmiß, ☎ 038456/60813; **Ziems**, Neu Zietlitz Nr. 1, ☎ 22162

🌳 Der **Hudewald** besitzt einen großen Bestand an alten Eichen. Die Bezeichnung „Hude" leitet sich von dem Wort „hüten" ab. Im Hudewald wurden vor allem Schweine und Rinder gehütet.

Auf dem **Dobbiner Weg** geht es an einem Hotel und einem **Golfplatz** vorbei ～ entlang des **Serrahner Sees** fahren Sie bis Serrahn.

Bei Linstow

Serrahn
PLZ: 18292; Vorwahl: 038456

- 🛈 **Touristinformation Krakow am See**, Lange Str. 2, ✆ 22258
- **Kirche** (1240)
- Sehenswert ist die **Alte Schmiede** (um 1800) und die **Alte Poststation**, in der sich heute die Diakonie befindet.
- **Hügel- und Großsteingräber**
- **NSG „Nebelholz"**. Auf dem Naturlehrpfad entdecken Sie im Nebeldurchbruchstal einen der saubersten und artenreichsten Flussläufe im nördlichen Mitteleuropa, die Nebel.

Auf der **Alten Poststraße** durch Serrahn in Richtung Seegrube ↝ kurz nach dem Aussichtspunkt an der abknickenden Vorfahrt rechts halten ↝ durch das **Naturschutz-gebiet Nebel** ↝ über eine Brücke ↝ dem Straßenverlauf nach links folgen ↝ weiter auf der leicht hügeligen Straße mit Blick auf den **Krakower See**.

An dem **Abzweig nach Seegrube** rechts halten ↝ vorbei an Seegrube-Ausbau und dem **Campingplatz am Windfang** ↝ an der T-Kreuzung links in den Radweg ↝ an der nächsten Kreuzung erneut links ↝ an der **Kirche** links in den **Möwenweg** in Richtung Badeanstalt ↝ vor dem Ufer rechts in den **Jörnbergweg**.

Am Abzweig links in die **Goetheallee**, unbefestigter Weg, Radfahrer und Anlieger frei am See entlang ↝ nach der Brücke mit dem Holzgeländer weiter auf dem asphaltierten Teil der **Goetheallee** bis zur **Dampferanlegestelle** ↝ rechts in die **Kleine Wasserstraße** ↝ geradeaus weiter in die **Schulstraße**, entgegengesetzt der Einbahnstraße ↝ an der **Touristinformation** links.

Krakow am See
PLZ: 18292; Vorwahl: 038457

- 🛈 **Touristinformation**, Lange Str. 2, ✆ 22258
- **Fahrgastschiff „Frauenlob"**, ✆ 24565, ein- bis zweistündige Rundfahrten.
- **Buchdruckmuseum Mecklenburg-Vorpommern**, Alte Schule, Schulpl. 2, ✆ 23872, ÖZ: Mai-Sept., Di-Sa 10-12 Uhr und 13-17 Uhr, Nov.-April, Di-Fr 10-12 Uhr und 13-16 Uhr, Kurse, Workshops, Galerie, Druckladen, Schaudrucken. Wissenswertes über die Buchdruckkunst von der Handsetzerei bis zum Maschinensatz, von der Handpresse bis zur Schnellpresse. Zu sehen ist ein originalgetreuer Aufbau eines Druckerei-Familienbetriebes um 1900.
- **Heimatstube**, Alte Schule, Schulpl. 2, ✆ 24613, ÖZ: Mai-Sept., Di-Sa 10-12 Uhr und 13-17 Uhr, Nov.-April, Di-Fr 10-12 Uhr und 13-16 Uhr, wechselnde Ausstellungen und „Gute Stube" einer Ackerbürgerfamilie.
- Die **Stadtkirche** (1230) ist das älteste Gebäude der Stadt.
- **Gartentheater**, Goetheallee, ✆ 24069
- **Alte Synagoge**, Schulpl. 1, ✆ 23647, kulturelle Begegnungsstätte, Veranstaltungen, Galerie, ständig wechselnde Ausstellungen. Die Synagoge ist die einzige ursprünglich erhaltene Synagoge Nordostdeutschlands. Heute ist sie Sitz des gleichnamigen Kulturvereins.
- **Fritz-Reuter-Denkmal** auf der Halbinsel Lehmwerder.
- **Wassermühle Kuchelmiß** (1791), technisches Museum mit Sonderausstellungen.
- **Fischerei**, Goetheallee 2, ✆ 222204, Frischfisch, Räucherfisch, Angelkartenverkauf.
- **Aussichtsturm** auf dem Jörnberg, ÖZ: tägl. 9-19 Uhr. Die Aussichtsplattform befindet sich in 100,5 m Höhe.
- **Bootsverleih**, Am Jörnberg, ✆ 22912
- **Naturschutzgebiet „Krakower See"**. Der 843 ha große See ist für Brut- und Wasservögel ein wichtiger Lebensraum. Mit viel Glück kann man hier Seeadler beobachten.
- **Städtische Badeanstalt**, Jörnbergweg, ✆ 22660, ÖZ: 15. Mai-31. Aug., tägl. 10-18 Uhr.
- **Feriensiedlung „Kiefernhain"**, Am Borgwall 38, ✆ 22737

Das idyllische Städtchen Krakow am See ist wegen der direkten Seelage und dem gesunden Klima traditioneller Erholungsort und seit 50 Jahren Luftkurort. Unverändert in seinem Grundriss hat sich der Kleinstadtcharakter des Ortes, 1298 erstmals erwähnt, bis heute bewahrt. Das Ensemble rund um den Marktplatz ist denkmalgeschützt, es besteht aus Bürgerhäusern aus dem 18. und 19. Jahrhundert, dem neogotischen Rathaus und der Stadtkirche aus dem 13. Jahrhundert, dem ältesten Bauwerk der Stadt. Von kulturhistorischer Bedeutung ist die Alte Synagoge, heute Kulturzentrum. Die Alte Schule beherbergt das Buchdruckmuseum und die Heimatstube. Imposant wirken die Fischerhüden und die rohrgedeckte Badeanstalt am Jörnberg sowie der weithin sichtbare Aussichtsturm.

Sie überqueren den **Markt** und fahren weiter geradeaus auf der **Plauer Straße**, entgegengesetzt der Einbahnstraße ↝ am **Schulplatz** rechts ↝ gleich wieder rechts in die **Ernst-Thälmann-Straße** und vor bis zur **Güstrower Chaussee**.

Von Krakow am See nach Güstrow 26 km

Die **Güstrower Chaussee** geradeaus in Richtung Bahnhof überqueren ↝ der abknickenden Vorfahrt nach links in die Straße

Blick vom Aussichtsturm auf Krakow am See

Bahnhofsplatz folgen ↝ nach dem Bahnübergang auf der Vorfahrtstraße rechts in die Straße **Am Bahnhof** ↝ auf der Vorfahrtstraße links in die **Goldberger Straße** ↝ auf dem **Alt Sammiter Damm** am Reitzentrum vorbei nach Alt Sammit.

Alt Sammit
PLZ: 18292; Vorwahl: 038457

🛈 Touristinformation Krakow am See, Lange Str. 2, ☏ 22258

🏛 **Schloss Alt Sammit**. Das Schloss entstand im 19. Jh. auf dem Gelände des halb verfallenen Vorgängerbaus der Familie von Weltzien, die hier jahrhundertelang ansässig war.

Auf der **Lindenstraße** geht es weiter geradeaus ↝ an der Kreuzung kurz vor der Kirche rechts in den **Reimershäger Weg** ↝ nach Ortsende gut zwei Kilometer auf dem zweispurigen Betonplattenweg ↝ im Wald nach dem Linksbogen weiter bis zur Kreuzung nach **Reimershagen** ↝ geradeaus ins Bücherdorf Groß Breesen.

Groß Breesen

✱ Gutshotel Groß Breesen, ☏ 038458/50-0. Die Besitzerin des „Bücherhotels" tauscht zwei mitgebrachte Bücher gegen eines aus ihrer Bibliothek - eine gute Gelegenheit sich mit neuer Reiselektüre zu versorgen.

Am **Gutshotel** vorbei ↝ im Ort links halten ↝ auf Höhe des **Umspannwerkes** geht es noch vor der Rechtskurve rechts in den Wirtschaftsweg ↝ auf dem **Breesener Weg** kommen Sie nach Bellin.

Bellin

🏛 Die spätromanische **Feldsteinkirche** (um 1230) wurde nach westfälischem Vorbild errichtet. Sehenswert sind die Wand- und Gewölbemalereien (13./15. Jh.), die 1985 restauriert wurden.

🏛 **Belliner Schloss** (1911). Das neobarocke Herrenhaus, heute im Privatbesitz, wurde an Stelle des ursprünglichen Barockschlosses (1746) erbaut. Das Torhaus, die Kavaliershäuser und die Stallungen sind von der ursprünglichen Bebauung erhalten. Die **Parkanlage** (1822), die das Herrenhaus umgibt, besitzt einen einzigartigen Baumbestand.

✱ „Belliner Steintanz". Die Hügel- und Steingräber zeugen von der frühen Besiedelung in dieser Gegend.

Krakow am See

An der Querstraße links in die **Krakower Straße** ~ sofort rechts in die Straße **Am Karpendiek** ~ auf Höhe der Kirche nach links ~ auf dem asphaltierten Wirtschaftsweg vorbei an Wiesen, Feldern und durch den Wald ~ auf Höhe des Rastplatzes am **Abzweig zum Steintanz** rechts halten ~ nach knapp 2 Kilometern an der Weggabelung links ~ nach 2,5 Kilometern an der Waldkreuzung rechts in den Weg nach Kirch Rosin.

Kirch Rosin

🛈 **Kirche** (1270). Erbaut von Zisterziensern aus dem Harz, mit wertvollen Malereien aus dem 17. Jh., die erst 1988 entdeckt wurden.

An der Kreuzung mit der Bushaltestelle im Ort links in die **Dorfstraße** ~ an der **Kirche** vorbei ~ Sie fahren bis nach Mühl Rosin.

Mühl Rosin

Nach dem Sportplatz links in die Straße **Waldsiedlung** ~ an der T-Kreuzung rechts ~ über die **Bölkower Chaussee** geradeaus in den Radweg ~ immer geradeaus am Ufer des Inselsees entlang ~ die Radwegbeschaffenheit wechselt von Asphalt zu Kies.

Schon bald kommt ein Abzweig zur **Ernst-Barlach-Gedenkstätte** ~ weiter geradeaus am Freibad vorbei ~ danach rechts und gleich wieder links.

Tipp: Alternativ zum Radfernweg können Sie an diesem Abzweig links abbiegen und weiter am Mühlbach entlangradeln. Dieser Weg ist zwar unbefestigt, der Verlauf dafür aber sehr idyllisch.

Sie biegen links ab ~ der Weg führt vom Inselsee weg ~ weiter entlang des **Mühlbaches** auf dem **Barlachweg**, der in einem Linksschwenk hinauf zur Straße führt ~ links in die **Plauer Chaussee** ~ Sie befinden sich nun wieder auf der Hauptroute.

Auf der Hauptroute fahren Sie hinauf zur **Brücke** ~ hier links, rechts geht es zum Natur- und Umweltpark ~ auf dem Radweg entlang der **Plauer Chaussee**, Verlängerung **Plauer Straße** fahren Sie bis zum **Güstrower Schloss** und ins **Stadtzentrum** von Güstrow.

Barlachstadt Güstrow

PLZ: 18273; Vorwahl: 03843

🛈 **Güstrow-Information**, Domstr. 9, ☏ 01805/681068 (0,14 €/Min.)

🏛 **Ernst Barlach Museen: Gedenkstätte**, Am Heidberg 15, ☏ 82299, ÖZ: April-Okt., Di-So 10-17 Uhr, Nov.-März, Di-So 11-16 Uhr, Atelierhaus, Ausstellungsforum, Grafik-Kabinett. Das Museum widmet sich dem Leben und Werk von Ernst Barlach (1870-1938). **Ernst Barlach Stiftung** — Gertrudenkapelle, Gertrudenpl. 1, ☏ 683001, ÖZ: wie Gedenkstätte.

🏛 **Stadtmuseum**, Franz-Parr-Pl. 10, ☏ 769120. ÖZ: Di-Fr 10-

GÄSTEHAUS AM SCHLOSSPARK

Neuwieder Weg
18273 Güstrow

✔ Mit Schlossblick direkt am Fernradweg
✔ EZ, DZ, MZ/ DU/ WC/ KÜ/ TV/ Internet
✔ Bett & Bike Station mit Fahrradkeller
✔ Übernachtung ab 25,00 €

Tel. 03843 245990 • www.gaestehaus-guestrow.de

17 Uhr, Sa 13-16 Uhr, So 11-16 Uhr. Geschichte der Stadt Güstrow.

🏛 **Städtische Galerie Wollhalle**, Franz-Parr-Pl. 9, ✆ 769361, ÖZ: tägl. 11-17 Uhr. Zeitgenössische Kunst.

🏛 **Malmström-Museum**, Zu den Wiesen 17, ✆ 682465

🏛 **Museum im Schloss Güstrow**, Franz-Parr-Platz 1, ✆ 7520, ÖZ: Di-So 9-17 Uhr. Zu sehen sind der Festsaal, eine Mittelaltersammlung, Renaissancekunst und Jagd- und Prunkwaffen. Außerdem thematische Ausstellungen: Glas der Antike, Malerei der DDR etc.

🏛 **Krippenmuseum**, Heiliggeisthof 5/Ecke Plauer Straße), ✆ 01805/681068 (0,14 €/Min.). Dauerausstellung von über 170 Weihnachtskrippen.

Dom (13. Jh.), Philipp-Brandin-Str. 5, ✆ 682433. Sehenswert ist die Plastik „Der Schwebende" des Künstlers Ernst Barlach.

Pfarrkirche St. Marien (16. Jh.), ✆ 682077

Schloss Güstrow zählt zu den bedeutendsten Renaissance-Bauwerken im norddeutschen Raum. Umgeben ist das Gebäude aus dem 16. Jh. von einem Schlossgarten mit einem Laubengang.

Ernst-Barlach-Theater, Franz-Parr-Pl. 6, ✆ 684146

Historischer Stadtkern rund um den zentralen **Markt**. Sehenswert sind einige **historische Bauwerke** von der Renaissance bis zum Historismus: **Rathaus** (Fassade 1798), **Theater** (1828), **Bürgerhäuser** (15. Jh.) und **Gertrudenkapelle** (15. Jh.).

Historisches Wasserkraftwerk (technisches Denkmal), Am Berge 4, ✆ 01805/681068 (0,14 €/Min.).

Bootsverleih: Badeanstalt am Inselsee, ✆ 0174/5930974

Natur- und Umweltpark, Verbindungschaussee 1, ✆ 24680,

Schloss Güstrow

ÖZ: April-Okt., 9-19 Uhr. Zu sehen gibt es einiges: einen Aqua-Tunnel, einen Schilfdschungel, eine Blumenwiese, Mikroskope und ein Wildfreigehege für ein Wolfsrudel.

Aussichtsturm Utkiek, in den Heidbergen nahe der Ernst-Barlach-Gedenkstätte.

Badeparadies „Oase", Plauer Chaussee 7, ✆ 8558-0

Freibad am Inselsee, ✆ 0174/5930974

ATK, Speicherstr. 1, ✆ 681193

Dräger, Lange Str. 49, ✆ 684010

Drewitz, Waldweg 24, ✆ 213620

Meiser, Bachstr. 1 a, ✆ 82248

Wanderer Kanu, Dorfstr. 16, ✆ 038458/ 8011

Die Stadt geht auf eine slawische Wallanlage in der Nebelniederung aus dem 8. Jahrhundert mit dem Namen „Gustrow" zurück. Dieser Name leitet sich vom slawischen „Guztrowe" ab, das so viel wie „Krähennest" bedeutet.

Im 13. Jahrhundert wurde die Stadt Güstrow planmäßig um einen zentralen Marktplatz mit einem gitterförmigen Straßennetz angelegt. Das Stadtrecht besitzt sie seit 1228. Bis ins 16. Jahrhundert war Güstrow die Residenz der Fürsten von Werle. Von 1556 bis 1695 regierten hier die Herzöge von Mecklenburg-Güstrow. Unter ihrer Regentschaft entstand das heutige Schloss (1558-1599). Es gilt als einer der bedeutendsten Renaissancebauten Norddeutschlands, welcher die Architektursprache des deutschen, niederländischen und französischen Schlossbaus vereint.

Der Name der Stadt Güstrow ist untrennbar mit den Namen bekannter Schriftsteller, Dichter und Künstler verbunden. Hierzu zählen der in Güstrow geborene Maler und zeitweilige Vorsteher des Malsaales der Meißner Porzellanmanufaktur Georg Friedrich Kersting (1785-1847), der niederdeutsche Dichter und Schulmeister des Güstrower Gymnasiums John Brinkmann (1814-1870) und der Schriftsteller Uwe Johnson (1934-1984), der hier im Jahr 1952 Abitur machte.

Der bekannteste Künstler ist der Bildhauer, Graphiker und Dichter Ernst Barlach (1870-1938), der viele Jahre in Güstrow lebte. Von ihm stammt das 1927 geschaffene Ehrenmal „Der Schwebende". Die Originalplastik wurde 1937 als „entartet" entfernt und 1944 für die Rüstungsindustrie eingeschmolzen. Im Güstrower Dom befindet sich ein Neuguss nach Vorbild des Exemplars in der Antoniterkirche in Köln von 1952. An den Künstler erinnert die Ernst-Barlach-Gedenkstätte, die in seinem 1931 bezogenen Atelierhaus eingerichtet wurde, sowie die Getrudenkapelle, die seit 1953 zu den Ernst-Barlach-Museen gehört.

Von Güstrow nach Bützow   16,5 km
Tipp: Falls Sie Ihre Radreise nach Rostock verkürzen möchten, können Sie stündlich von Güstrow aus mit der Bahn dorthin gelangen. Die Fahrtdauer beträgt ungefähr 25 Minuten.

Vor dem **Güstrower Schloss** von der **Plauer Straße** links in den **Neuwieder Weg**, rechtsseitiger Radweg ~ geradeaus weiter auf der Straße **An der Schanze**, unbefestigter Radweg ~ Verlängerung

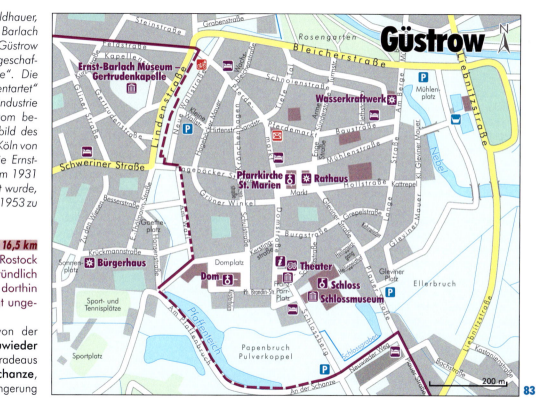

Am Pfaffenbruch ~ am Ende des Teiches rechts über den Schlossgraben ~ am **Gymnasium** gleich wieder links in die Straße **Am Wall** ~ an der **Hageböcker Straße** links über die Brücke ~ gleich rechts in den Radweg parallel zum Graben ~ an der nächsten **Brücke** Höhe **Pferdemarkt** links ~ die **Lindenstraße** überqueren und geradeaus in die **Feldstraße** ~ am **Ullrichplatz** rechts in die **Heidestraße**.

Der abknickenden Vorfahrt in den **Parumer Weg** folgen ~ am Ortsrand endet der Radweg ~ am **Betonwerk** rechts ~ weiter auf dem linksseitigen, gepflasterten Radweg ~ schnurgerade auf den **Bützow-Güstrow-Kanal** zu ~ vor dem Kanal links in den Radweg ~ auf Höhe des **Wehrs** den Radweg verlassen und rechts in die Asphaltstraße ~ vor der **Hängebrücke** links in den Weg mit den **Betonspurplatten** am Kanal entlang ~ kurz auf Schotter ~ am **Abzweig nach Zepelin** geradeaus auf der Asphaltstraße weiter ~ an den Häusern vorbei ~ am Abzweig links halten ~ in den Wald hinein.

Tipp: ⚠ Die Brücke über die Nebel ist bis zu ihrer Sanierung gesperrt. Bitte nutzen Sie in dieser Zeit die Alternativroute.

Der Schwebende

Es geht über die schöne **Brücke über die Nebel** ~ an der Querstraße rechts in die **Wolkener Chaussee,** links von Ihnen liegt die Miniaturstadt ~ an der folgenden T-Kreuzung links in die **Schwaaner Straße** ~ über den Bahnübergang geradeaus auf dem Fahrradstreifen längs der **Bahnhofstraße** ~ zweimal die **Warnow** überqueren ~ nach der letzten **Brücke** gleich rechts.

Tipp: Geradeaus gelangen Sie auf der Langestraße direkt ins Zentrum der einstigen Bischofsstadt Bützow.

Bützow
PLZ: 18246; Vorwahl: 038461

- **Touristinformation**, Am Markt 1, ✆ 50120
- **Museum im Krummen Haus** (13. Jh.), Schlosspl. 2, ✆ 66915 od. ✆ 4051 (Bibliothek), ÖZ: Mo 13-17 Uhr, Di 10-12 Uhr und 13-18 Uhr, Mi/Sa 10-12 Uhr, Fr 10-12 Uhr und 13-16 Uhr. Das Krumme Haus gehörte zur bischöflichen Burganlage. Hier wurde 1772 die erste öffentliche **Bibliothek** Mecklenburgs eröffnet.
- **Stiftskirche** (13.-14. Jh.). Sehenswert sind der spätgotische Flügelaltar (1503), die Renaissancekanzel (1617) und die barocke Sonnenuhr (1785). Vom Turm (74 m) hat man einen schönen Blick über die Landschaft rund um die Stadt.
- einstige **bischöfliche Burg**, Schlossplatz. Die Bischofsburg wurde im 13. Jh. erbaut und um 1450 unter Bischof Nikolaus I. erweitert. Zur Burganlage gehörte auch das **Krumme Haus**, in dem sich heute ein Museum und die Stadtbibliothek befinden. Bis 1549 war die Burg Bischofssitz. Mitte des 16. Jhs. wurde die Burg in ein **Schloss im Renaissancestil** umgebaut und war dann Witwensitz der Herzogin Sophie-Charlotte.
- **Rathaus** (1848). Das Rathaus wurde im Stil der Tudorgotik errichtet. Bemerkenswert sind die Ziertürme mit den Bischofsmützchen, die an die Vergangenheit Bützows als Bischofssitz erinnern.
- **Miniaturstadt**, Gewerbegebiet Tarnower Chaussee/Nebelring, Infos im Büro/Werkstatt an der Bahnhofstraße unter ✆ 65011, ÖZ Gelände: Mai-Okt., Mo-Fr 9-18 Uhr, Sa, So/Fei 10-18 Uhr, Nov.-April, Mo-Do 9-16 Uhr, Fr 9-11 Uhr, Sa, So n.V. Kräutergarten, Tastgarten, Märchenbrunnen, Biotop, Backofen, Spielplatz. Hier wird die Altstadt Bützows im Maßstab 1:10 nachgebildet. Seit Beginn des Projekts 1995 wurden bereits 110 Modelle fertiggestellt. Ziel ist es insgesamt 240 Häuser im Zustand von 1850-1900 originalgetreu nachzubauen.

✺ Der **Gänsebrunnen** (1981) am Markt vor dem Rathaus, von W. Preik errichtet, erinnert an den Gänsekrieg von Bützow. Der 1794 stattgefundene Aufstand der Bürger gegen die Obrigkeit betraf das Halten von Gänsen im Stadtbereich. Nach einem Erlass der die frei laufende Haltung der Tiere verbot, wurden sie in einen Pfandstall eingesperrt. Die Bürger protestierten ganz im Sinne der Französischen Revolution erfolgreich gegen diesen Erlass.

 Freibad Rühner See, ✆ 2785, südwestlich von Bützow, ÖZ: Mai–Sept., tägl. 9–20 Uhr.

 Menter, Vor dem Rühner Tor 26, ✆ 52140

 abschließbare **Gepäckboxen** neben dem Rastplatz am Hafen

Die Stadt Bützow wurde erstmals um 1229 urkundlich erwähnt. In dieser Urkunde wird von einer Kirchweihe durch Bischof Brunward berichtet. Der Bischof siedelte das gesamte Domkapitel nach Bützow um und errichtete eine bischöfliche Burg. Zum Schutz der Stadt wurden Wälle und Gräben angelegt und eine Stadtmauer mit mehreren Stadttoren errichtet. Bis zur Reformation blieb die Stadt an der Warnow Residenzstadt des Bistums Schwerins.

Ende des Mittelalters war aus der einstigen Residenzstadt eine kleine Ackerbürgerstadt geworden. Wirtschaftlichen und kulturellen Aufschwung erfuhr die Stadt Anfang des 18. Jahrhunderts unter dem mecklenburgischen Herzog. Dieser förderte das Gewerbe mit Hilfe französischer

Einwanderer, vornehmlich Hugenotten, die sich gut auf den Tabak- oder Flachsanbau verstanden. Um 1760, also während der Wirren des Siebenjährigen Krieges, wurde Bützow Universitätsstadt. An der neugegründeten Universität „Friedericiana" lehrten berühmte Professoren an vier Fakultäten. Knapp drei Jahrzehnte später wurde die Universität mit der Rostocker Universität vereinigt.

Auch im 19. Jahrhundert konnte die Stadt ihre zentrale Stellung in der Umgebung durch den Anschluss an das Eisenbahnnetz Hamburg-Rostock um 1850 und den Bau des Güstrow-Bützow-Kanals behaupten.

Heute ist die Stadt mit ihrer einladenden Atmosphäre ein beliebtes touristisches Ziel. Vor allen Dingen für Wasser- und Radwanderer, die am Bützower See einen geeigneten Platz zum Rasten und Übernachten sowie eine abschließbare Abstellmöglichkeit für Räder vorfinden.

Von Bützow nach Schwaan 17 km

Sie kommen zum **ehemaligen Hafen** und fahren vorbei am Radwanderrastplatz ⟿ am **Parkplatz** links halten ⟿ an der **Telefonzelle** in den unbefestigten Weg ⟿ rechts in die Straße **Vor dem Rostocker Tor** ⟿ in der Linkskurve auf Höhe der Gaststätte geradeaus ⟿ an der Gabelung links in die asphaltierte Straße ⟿ immer geradeaus ⟿ nach dem Abzweig zur **Heubahn** links halten ⟿ geradeaus bis zur **Schwaaner Straße**.

Tipp: Sie können auch die kürzere und weniger hügelige Alternativroute nach Schwaan nutzen, müssen dann aber mit mehr Verkehr rechnen. Geradeaus in die gepflasterte **Dorfstraße** von Passin.

Passin
PLZ: 18246; Vorwahl: 038461

 Touristinformation Bützow, Am Markt 1, ✆ 50120

 Feldsteinkapelle mit Fachwerkelementen

✺ Das **niederdeutsche Hallenhaus** wurde im Jahr 1870 erbaut. Es liegt an dem regionalen Radweg 12 „Niederdeutsche Hallenhäuser".

An der T-Kreuzung rechts ↝ auf dem unbefestigten Weg bis **Hof Tatschow**, geschotterter Landweg, schlechte Wegstrecke ↝ leicht bergauf ↝ an der Kreuzung im Ort rechts in die **Neue Straße** ↝ weiter auf der **Teichstraße** bis Bandow.

Bandow

Der Vorfahrtsstraße nach rechts in die **Lindenstraße Richtung Schwaan** folgen ↝ geradeaus auf der **Bandower Chaussee** durch **Letschow** ↝ an der T-Kreuzung in Schwaan links ↝ weiter auf dem Radweg ↝ links in die **John-Brinckmann-Straße**, geradeaus geht es ins Zentrum von Schwaan.

Schwaan

PLZ: 18258; Vorwahl: 03844

- **Tourist-Information**, Mühlenstr. 12, ☎ 8917-92
- **Kunstmühle Schwaan**, Mühlenstr. 12, ☎ 8917-94, ÖZ: Okt.-März, Di-Fr 10-16 Uhr, So 11-17 Uhr, April-Sept., Di-Fr 10-17 Uhr, Sa 13-17 Uhr, So 11-17 Uhr. Das Museum zeigt Gemälde Schwaaner Maler wie Rudolf Bartels, Franz Bunke und Peter Paul Draewing. Untergebracht ist das Museum in der alten Wassermühle aus dem 18. Jh., die nach der Umleitung des Flüsschens Beke stillgelegt wurde.
- Die **Kirche** stammt aus der Zeit um 1300. Sehenswert ist das sechseckige Taufbecken und der Altar.

✺ **Künstlerkolonie Schwaan** (Ende 19. Jh.), Sonderausstellungen im Sommer. Im Gegensatz zu anderen Künstlerkolonien, wie z. B. der in Worpswede, fanden die Maler in der Bevölkerung viel Zuspruch. Es wirkten hier Maler wie Rudolf Bechstein, Rudolf Bartels und Franz Bunke. Letzterer war der treueste von allen – er kam jedes Jahr nach Schwaan, um seine Schüler zu unterrichten.

✺ **Kremser & Kutschfahrten**, Rostockerstr. 101, ✆ 814520

🛏 **Semrau**, Loxtedter Str. 3, ✆ 813522

Von Schwaan nach Rostock-Zentrum   20,5 km

Der **John-Brinckmann-Straße**, verkehrsberuhigte Zone, folgen ↝ weiter auf dem gepflasterten Straßenstück ↝ über die **Bekebrücke** und am **Schießplatz** vorbei ↝ an der Kreuzung geradeaus in die **Rostocker Straße**, rechts liegt die **Kunstmühle** ↝ nach der **Freiwilligen Feuerwehr** und der **Kleingartenkolonie** geradeaus in den asphaltierten Radweg ↝ an der Weggabelung geht der Weg in einen zweispurigen Betonplattenweg über ↝ leicht bergab in den Ort Benitz hinein.

Benitz

Von Benitz fahren Sie nach **Huckstorf** ↝ von der Straße **Alte Schule** kommend links in die **Dorfstraße** ↝ an der **Ökohaussiedlung** vorbei ↝ nun geht es über **Wahrstorf** und **Pölchow** bis zur Autobahnauffahrt **A 20** hier wechseln Sie auf den linksseitigen Radweg und fahren in den Ort Niendorf hinein.

Niendorf

Auf der **Pölchower Straße** parallel zur Umgehungsstraße ↝ an einer Pension und dem Bushalteplatz vorbei ↝ auf dem Radweg rechts in die **Buchholzer Straße** ↝ an der Umgehungsstraße links, rechtsseitiger Radweg ↝ am nächsten Abzweig links nach Groß Stove.

Groß Stove

Sie folgen der abknickenden Vorfahrt nach rechts ⚠ keine Beschilderung Richtung Rostock ↝ auf dem **Biestower Damm** geht es in das Stadtgebiet der Hansestadt Rostock hinein ↝ geradeaus weiter auf der **Robert-Koch-Straße** ↝ rechts in den **Südring** ↝ auf den Radweg entlang des Südrings bis zum Goetheplatz, rechts von Ihnen liegt der Hauptbahnhof von Rostock.

Tipp: Am Hauptbahnhof können Sie vom Rad auf die Bahn umsteigen und direkt weiter bis zum Seehafen Rostock fahren.

Am **Goetheplatz** links in die Straße **Am Vögenteich** ↝ am **Schröderplatz** geradeaus in die Straße **Beim Grünen Tor,** rechts geht es in die Innenstadt von Rostock.

Tipp: Alternativ zur Hauptroute können Sie auch durch die Lange Straße fahren, rechts von Ihnen liegt dann die Altstadt von

Hansestadt Rostock – Stadthafen

Windjammertreffen „Hansesail"

Rostock. Bitte beachten Sie, dass Sie in der Fußgängerzone Ihr Rad zwischen 10 und 19 Uhr schieben müssen.

Rostock
PLZ: 18055; Vorwahl: 0381

- **Rostock-Information**, Neuer Markt 3-8, ☎ 3812222
- **Fähre Rostock (D) – Gedser (DK)** mit **Scandlines**, Fährcenter Rostock, 18147 Rostock, ☎ 01805/7226354637 (€ 0,12/Min.), Fährzeiten: 6-24 Uhr, Fahrtdauer: 2 Stunden.
- **Ausflugsfahrten:** Baltic ☎ 0171/4729649, **Heckmann** ☎ 669980, **Kammel** ☎ 7686552, **Käpp'n Brass** ☎ 54172, **Schütt** ☎ 699982, **T. Schütt** ☎ 0173/9179178
- Infos zu **Hafenrundfahrten** und durch das NSG Rostocker Heide erfragen Sie bitte an den Fähranlegern oder bei der Tourist-Information.
- Infos zu **Fahrten nach Warnemünde** erhalten Sie bei D. Schütt ☎ 6863172 und 690953; sowie O. Schütt ☎ 3643174
- **Dokumentations- und Gedenkstätte**, Hermannstr. 34b (Zugang über Augustenstr./Grüner Weg), ☎ 4985651, ÖZ: Di-Fr 10-18 Uhr, Sa 10-17 Uhr. Führungen Mi 15.30 Uhr, Sa 14 Uhr u. n. V. In der ehemaligen Untersuchungshaftanstalt des MfS (Ministerium für Staatssicherheit der DDR) befindet sich u.a. eine Ausstellung zum Wirken der Staatssicherheit.
- **Kulturhistorisches Museum im Kloster zum Heiligen Kreuz**, Klosterhof 7, ☎ 203590, ÖZ: Di-So 10-18 Uhr, Kunstschätze der Hansestadt Rostock, Geschichte des Zisterzienserinnenklosters, wechselnde Ausstellungen.
- **Kröpeliner Tor**, Kröpeliner Str. Das Tor ist eines von vier erhaltenen Stadttoren Rostocks. Einst besaß die Stadt 22 Tore.
- **Kunsthalle**, Hamburger Str. 40, ☎ 3817008, ÖZ: Di-So 10-18 Uhr, Deutsche Kunst des 20. Jhs., Sammlung DDR-Kunst, Kunst Nordeuropas, wechselnde Ausstellungen zur internationalen Kunst.
- **Schiffbau- und Schifffahrtsmuseum**, An der Hansemesse, Rostock OT Schmarl, ☎ 12831300, ÖZ: IGA: Apr.-Okt., tägl. 9-18 Uhr; Nov.-März, tägl. 10-16 Uhr; Museum: Juli-Aug., Di-So 9-18 Uhr. Ausstellung auf dem Traditionsschiff „MS Dresden": Geschichte der Seeschifffahrt, des Schiffbaus, der Hanse, Kapitänsbilder, maritime Münzen und Medaillen, wechselnde Ausstellungen. Das Schiff liegt am Parkgelände der ehemaligen Internationalen Gartenbauausstellung.
- **St.-Marien-Kirche** (1398), Am Ziegenmarkt, ☎ 453325, ÖZ:

GÄSTEHAUS
ROSTOCK/LÜTTEN-KLEIN

Warnowallee 23
18107 Rostock

✓ zwischen City, Warnemünde & Hafen
✓ EZ, DZ, MZ/ DU/WC/ KÜ/ TV
✓ Bett & Bike Station mit Fahrradkeller
✓ Übernachtung ab 25€

Tel.: 0381 776970 • www.gaestehaus-rostock.de

HANSE-HOSTEL ROSTOCK
DOBERANER STR. 136
18057 ROSTOCK
TEL.: 0381/1286006
FAX: 0381/1286005
E-MAIL: INFO@HANSE-HOSTEL.DE
WEB: WWW.HANSE-HOSTEL.DE

BEDS FROM 14 €

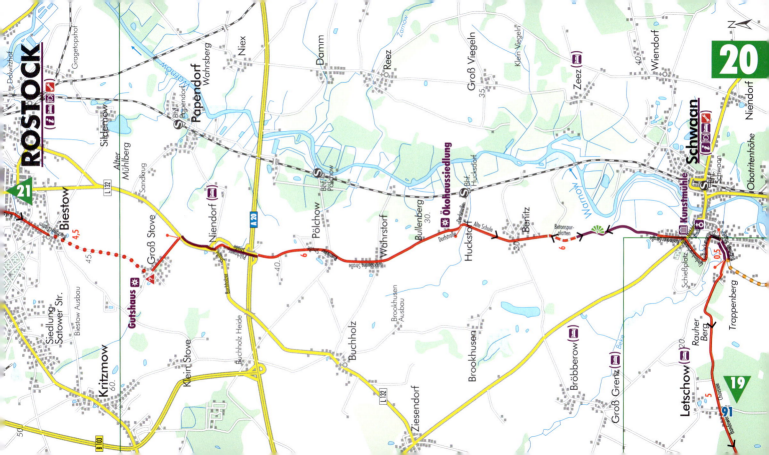

Mai-Sept., Mo-Sa 10-18 Uhr, So/Fei 11.15-17 Uhr, Okt.-April, Mo-Sa 10-12.15 und 14-16 Uhr, So/Fei 11.15-12.15 Uhr.
Astronomische Uhr mit Apostelumgang (1472), Tauffünte (1290).

- **St.-Petri-Kirche**, Alter Markt, ✆ 21101, ÖZ: April-Okt., Mo-Fr 10-17 Uhr, Nov.-März, Mo-Fr 10-16 Uhr, ganzjährig Sa, So 10-17 Uhr. Mit ihrem 117 m hohen Turm markiert sie die Stelle der Stadtgründung.
- **St. Nikolai-Kirche**, Bei der Nikolaikirche, ✆ 4934115, Führungen n. V., Ausstellungen, Konzerte, Theater. Unter dem Dach dieser alten gotischen Hallenkirche befinden sich Appartements.
- **Volkstheater Rostock**, Doberaner Str. 134/135, ✆ 381-4600, verschiedene Spielstätten.
- **Historische Altstadt** zwischen Stadthafen und Rosengarten, zwischen Altem Markt und Kröpeliner Tor. Das **Rostocker Rathaus** ist das älteste profane Gebäude der Stadt.
- **Zoologischer Garten**, Rennbahnallee 21, ✆ 20820, ÖZ: April-Okt., tägl. 9-19 Uhr, Nov-März, tägl. 9-17 Uhr, magischer Tierpfad, Streichelzoo, Schaufütterungen. Der Zoologische Garten ist der größte Zoo an der deutschen Nord- und Ostseeküste. In der Park- und Waldlandschaft befinden sich eine Großkatzenanlage und das Südamerikahaus mit zahlreichen Affenarten.

Rostock, Neuer Markt

- **Botanischer Garten**, Hamburger Straße, ✆ 4986250, ÖZ: Di-Fr 7-18 Uhr, Sa, So 9-18 Uhr, 10.000 Pflanzenarten, Gebirgsanlage mit botanischen Raritäten.
- **Gewächshäuser Doberaner Straße**, ✆ 494 20 56, ÖZ: Mo-Do 10-12 und 13-15 Uhr, Orchideen, Sukkulenten und Pflanzen aus aller Welt.
- **IGA-Park**, Schmarl. Auf dem Gelände der Intern. Gartenausstellung von 2003 sind auf 100 ha diverse Themengäten zu besichtigen.
- **Radstation**, ✆ 2401153
- **Fahrradhaus Karsten**, Albert-Einstein-Str. 18, ✆ 4004848
- **Bike & Outdoor**, Gr. Katthagen 2-4, ✆ 4902050

Das slawische Wort „Roztoc", der Name einer slawischen Burg am Warnowufer, bedeutet „Flussverbreiterung" und bezieht sich auf die Stelle der Ortsgründung.

Um 1200 ließen sich die ersten deutschen Kaufleute an der Warnow nieder. Bereits achtzehn Jahre später verlieh Herzog Heinrich Borwin I. das lübsche Stadtrecht und Rostock wuchs rasant innerhalb der folgenden fünfzig Jahre. Drei Siedlungen entstanden, die zwischen 1262 und 1265 zur „universitas civitas", zur Gesamtstadt Rostock vereinigt und mit einer gemeinsamen Stadtmauer umgeben wurden. So entstand um die Petri-Kirche die Altstadt mit dem Alten Markt, die Neustadt um die Jakobi-Kirche mit dem heute Universitätsplatz genannten Hopfenmarkt und die Mittelstadt mit dem Neuen Markt um die Marien-Kirche. Noch heute sind die ehemaligen Siedlungsstrukturen in dem Grundriss der Stadt zu erkennen.

In den folgenden Jahren entwickelte sich Rostock zu einem blühenden Handelsplatz und Seeschifffahrtshafen, wie sie es im 14. und 15. Jahrhundert in der Hanse gab. Zusammen mit den Städten Wismar und Lübeck schloss sich die Stadt zu einem Dreibund zusammen, um ihre Schiffe auf den Handelswegen vor

Lange Straße

Übergriffen durch Seeräuber und Wegelagerer zu schützen.

In die wirtschaftliche Blütezeit der Stadt fiel auch die Gründung der Universität. Am 13. Februar 1419 genehmigte Papst Martin V. deren Gründung. Die Stadt unterstützte die „Alma mater rostochienses" mit dem Unterhalt für zwei Kollegienhäuser und mit einem jährlichen Budget von 800 Talern. Bis zum 30jährigen Krieg zählte die Universität zu den bedeutendsten im Ostseeraum.

Die mächtigen Kirchen, die prächtigen Bürgerhäuser und die teilweise noch erhaltene Stadtmauer zeugen von der einstigen Stellung der Stadt Rostock. Ein großer Teil der aus dieser Zeit stammenden Architektur wurde zwar durch einen großen Stadtbrand und im Zweiten Weltkrieg bei der Bombardierung der in Rostock angesiedelten Arado- und Heinkel-Flugzeugwerke zerstört, doch anhand alter Stiche aus dem 16. Jahrhundert konnten die historischen Giebelhäuser und Backsteinkirchen rekonstruiert werden. Das Ergebnis dieser Anstrengungen ist beispielsweise am Neuen Markt zu sehen.

Straße am Strom

Tipp: Falls Sie noch etwas länger an der Ostseeküste bleiben wollen, können Sie die Seebäder und alten Hansestädte auf dem Ostseeküsten-Radweg entdecken. Bei der Planung hilft Ihnen die *bikeline*-Radtourenbuch Reihe zum Ostseeküsten-Radweg.

Tipp: Von Rostock können Sie mit der S-Bahn (S 1) einen Ausflug ins nahe gelegene Seebad Warnemünde unternehmen, wo 1882 der erste Strandkorb entwickelt und damals noch als „stehender Wäschekorb" belächelt worden war.

Warnemünde
PLZ: 18119; Vorwahl: 0381

- Tourist-Information, Am Strom 59, ✆ 548000
- Infos zu **Schiffsfahrten** zwischen Neuem Strom und Rostocker Stadthafen, bzw. Hafenrundfahrten ab Alter Strom und durch das NSG Rostocker Heide erfragen Sie bitte an den Fähranlegern oder bei der Tourist-Information.
- **Heimatmuseum**, Alexandrinenstr. 30/31, ✆ 52667, ÖZ: Mi-So 10-18 Uhr. Themen: Geschichte des Seebades, Lebensraum der Fischer und Seeleute, Seenotrettung und Lotsenwesen.
- Sehenswert sind die **alten Fischerhäuser** in der Straße Am Strom am Fischereihafen.
- **Leuchtturm** (37 m), ÖZ: Mai-Sept., tägl. 10-19 Uhr. Von der Aussichtsplattform genießt man einen prächtigen Blick über die Ostsee und den Küstenlandstrich.
- Am Fuß des Leuchtturms steht der **Teepott** (1967-8). Das auch an eine Muschel erinnernde Gebäude mit dem geschwungenen Betondach wurde Ende der 1960er Jahre von Ulrich Müther als Restaurant konzipiert. Heute beherbergt es nach längerem Leerstand eine Souvenir-Ausstellung und Restaurants.
- **FKK-Strand** Warnemünde/Diedrichshagen und Hohe Düne/Markgrafenheide.

Von Rostock-Zentrum nach Rostock-Überseehafen   10 km

Die Straße **Am Kanonsberg** bergab zur Straße **Am Strande** ⤳ geradeaus in den Radweg nach dem Rechtsschwenk geradeaus an den Kais vorbei bis zu den alten **Speichern am Mönchstor** ⤳ geradeaus über den Parkplatz in den schmalen Rad- und Fußweg ⤳ geradeaus in die Straße **Am Petridamm** ⤳ nach der Brücke links in den **Dierkower Damm** ⤳ nach 2 Kilometern rechts in die **Hafenallee** ⤳ rechts in den **Weidendamm** ⤳ nach dem Fußgängerüberweg links in die **Krummendorfer Straße**, dem Richtungsweiser zum Überseehafen folgen ⤳ weiter auf der **Krummendorfer Straße**, nun unbefestigter Rad- und Fußweg, landwirtschaftlicher Verkehr frei ⤳ in **Krummendorf** biegen Sie rechts ab ⤳ auf dem Radweg parallel zur **Autobahn** Richtung **Überseehafen Rostock** ⤳ vor der T-Kreuzung wechseln Sie die Straßenseite ⤳ auf dem rechtsseitigen Fahrradstreifen auf der **Ost-West-Straße** zum **Skandinavienkai** ⤳ von hier setzen Sie mit der Fähre nach Dänemark zum Fährhafen Gedser über.

Strand Warnemünde

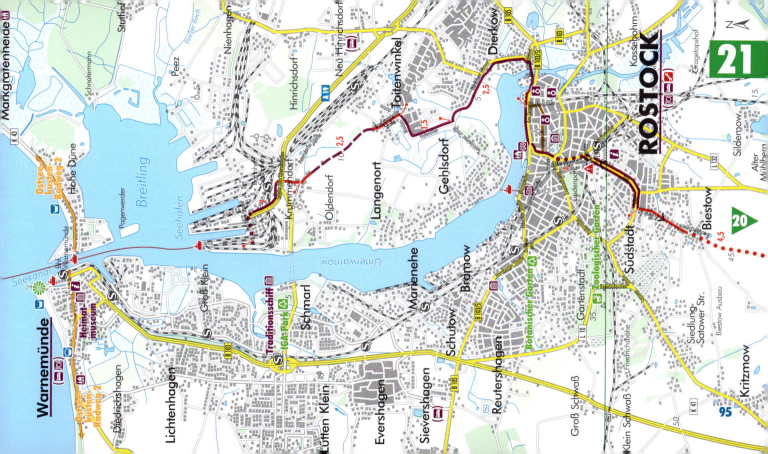

Von Gedser nach Præstø

127,5 km

Mit der Fähre legen Sie in Gedser an, einem kleinen, beschaulichen Fährhafen auf der dänischen Insel Falster. Nach einem Ausflug zu den beliebten Stränden in Marielyst geht es weiter nach Nykøbing, die Hauptstadt von Falster. Zurück zur Ostseeküste kommen Sie nun an schmaleren Stränden mit bizarr geformten Bäumen vorbei. Zu sehen gibt es Gutshäuser, Hügelgräber und idyllische Dörfer mit reetgedeckten Fischerhäusern. Mit der Fähre setzen Sie nach Bogø über und kommen dann auf die Insel Møn, die berühmt ist für ihre steilen Kreidefelsen. Über Stege, der Hauptstadt der Insel geht es dann zum Ziel der dritten Etappe, der kleinen Stadt Præstø.

Von Gedser in Richtung Kopenhagen folgen Sie der Nationalroute 9. Sie fahren hauptsächlich auf gut ausgebauten Radwegen und ruhigen Nebenstraßen. Lediglich entlang der Ostseeküste geht es auf unbefestigten, gut befahrbaren Wegen und zwischen Stege und Kalvehave auf der viel befahrenen Straße entlang.

Tipp: In Dänemark ist der Radfernweg Berlin-Kopenhagen nicht mit dem bereits bekannten Logo, sondern vom Fährhafen Gedser bis nach Kopenhagen als Nationalroute 9 ausgeschildert.

Von Gedser nach Nyköbing — 25 km
Gedser (DK)
PLZ: 4874

- **Touristinformation**, Gedser Landevej 79, ✆ 54136298
- **Fähre Scandlines** Gedser-Rostock, ✆ 33151515
- **Schwarzes Museum**, Skolegade 2b, ✆ 27188343. Geologisches Museum mit Mineralien, Bergsteinen, Fossilien und Bernstein.

Sie verlassen das Gelände des Fährhafens in Gedser auf dem Radweg ~ ⚠ direkt nach der Ausfahrt schwenkt der Radweg haarnadelartig nach rechts und führt auf der anderen Seite des Drahtzaunes entgegengesetzt der Fahrtrichtung zurück ~ nach dem **Trafohäuschen** biegen Sie links ab ~ links in die **Langgade** ~ rechts in den **Allévej** ~ links in die **Danmarksgade** ~ rechts in den **Strandvej** ~ gleich wieder links in den **Skråvej** ~ Sie fahren am Sportplatz vorbei ~ weiter auf dem Radweg, auf Höhe der Feuerwehr längs des **Gedser Landevej** (E55) bis Gedesby Nyby.

Gedesby Nyby (DK)
- In der restaurierten **Mühle** (Gedesby Mølle) ist eine Keramikwerkstatt untergebracht.

Marielyst Strand

Kurz vor Gedesby Nyby unterqueren Sie den **Gedser Landvej** ~ nach dem **Rad- und Fußgängertunnel** rechts Richtung Nyköbing ~ weiter auf dem **Gl. Landvej**, Skelby liegt 4 Kilometer entfernt.

Skelby (DK)
Sie fahren durch die Orte **Fiskebæk** und **Marrebæk** bis nach Væggerløse.

Tipp: Kurz vor dem Ort Væggerløse lohnt ein Abstecher zu den breiten Badestränden in Marielyst, den beliebtesten Stränden Dänemarks.

Ausflug nach Marielyst — 8 km
An dem Abzweig vor Væggerløse unterqueren Sie die E 55 nach rechts ~ immer geradeaus ~ nach ungefähr 4 Kilometern haben Sie Marielyst erreicht.

Marielyst (DK)
PLZ: 4873

- **Touristinformation**, Marielyst Strandpark 3, ✆ 54136298, auch

- **Automobilmuseum** (Marielyst Sportscars), Stovby Tværvej 11, ✆ 54177589, ÖZ: täglich 10-17 Uhr, Oldtimer Rundfahrten. Zu sehen ist eine private Sammlung klassischer Sportwagen.
- **Marielyst Go-Kartcenter**, Godthåbs Allé 3b, Bøtø, ✆ 54174404
- **Marielyst Golf & Fun**, Bøtø Ringvej 2e, ✆ 54130130. Aufwendige Mini-Golf Bahn mit 18 Löchern und Europas längster Mini-Golfbahn mit 45 m.
- **Statoil Servicecenter**, ✆ 54136080

Sie kehren auf demselben Weg wieder zur Hauptroute zurück.
Auf der Hauptroute geht es an dem Abzweig geradeaus weiter, rechts von Ihnen liegt der Ort Væggerløse.

Væggerløse (DK)
PLZ: 4873
- **Touristinformation Marielyst**, Marielyst Strandpark 3, ✆ 54136298
- **Mühle Stovby** (Mølle Stovby), Stovbyvej 19, Stovby, ✆ 54177342. Die alte Bockwindmühle stammt aus dem Jahr 1790. Die Mühle ist immer noch in Betrieb und Sie können hier frisch gemahlenes Mehl erstehen.
- **Glasbläserei**, Stovbyvej 19, Stovby

Mittelalterzentrum

- **Spar**, Lupinvej 1, ✆ 54136104

An der folgenden Bushaltestelle biegen Sie nach links in die Straße **Næsbanken** Richtung Hasselø By ab ↝ über den Bahnübergang ↝ Sie durchfahren **Hasseløvej** ↝ folgen dem Straßenverlauf geradeaus durch **Hasselø By** und **Hasselø Plantage** ↝ Sie fahren auf dem Damm entlang bis zur Querstraße ↝ links in den **Prinsholmvej** ↝ auf dem linksseitigen Radweg weiter ↝ unter der **Frederik d IX's Bro** Brücke hindurch ↝ in einem Rechtsbogen bis zur T-Kreuzung ↝ rechts in die **Markedsgade**, nach links geht es ins Zentrum Nyköbings mit dem schönen Marktplatz.

Nykøbing F (DK)
PLZ: 4800
- **Touristinformation**, Østergågaden 7, ✆ 54851303
- **Mittelalterzentrum** (Middelaldercentret), Ved Hamborgskoven 2, Sundby, ✆ 54861934, ÖZ: Mai-Sept. u. während der Herbstferien in Dänemark, 10-16 Uhr, weitere Öffnungszeiten s. Saisonplan. Eine Reise in das Dänemark des 14. Jhs. Sie erleben ganz real die Lebensweise und die Handwerkstechniken des Mittelalters, z. B. wenn Sie dem Schmied bei der Arbeit zusehen oder bei den Ritterturnieren mit rekonstruierten Waffen zugegen sind.
- **Kulturgeschichtliches Museum** (Guldborgsund Museum), Langgaden 2 – Czarens Hus, ✆ 54852671, ÖZ: Mai-Mitte Sept., Di-Fr 11-17 Uhr, Sa 11-15 Uhr, So 14-16 Uhr, Mitte Sept.-April, Di-Fr 14-16 Uhr, Sa 11-15 Uhr, So 14-16 Uhr. Themen: Kulturgeschichte und Archäologie Falsters vom Mittelalter bis heute: bäuerlich wie städtisch, Handel, Handwerk und Informationen zum Schloss. Das Haus erhielt den Namen in Gedenken an den Zaren Peter den Großen, der hier übernachtet haben soll.
- **Alter Kaufmannsladen** (Den gamle Købmandshandel), Langgaden 9, ✆ 54852671. Der alte Kaufmannsladen gehörte zu den typischen Läden, wie sie in den 50er Jahren noch weitverbreitet waren.
- **Klosterkirche** (1419) (Klosterkirken), Kirkepladsen 1,

Marktplatz in Nykøbing

📞 54861825 od. 📞 54850103, Heilkräuter- und Präsentationsgarten. Die Kirche wurde aus sogenannten Mönchssteinen erbaut und gehörte ursprünglich zu einem Franziskanerkloster, das Erik von Pommern gegründet hat. Die bedeutendsten Kirchenschätze sind die Mecklenburgische Ahnentafel, ein Gemälde von Lucas von Cranch, die F. H. Ramus-Orgel und das Glockenspiel mit 26 Glocken.

- **Wasserturm**, Hollands Gaard, 📞 54821908, ÖZ: Mo-Di/Do-Fr 10-16 Uhr, Sa 10-13 Uhr. Der Wasserturm war 1908 die erste Eisenbetonkonstruktion dieser Größe in Dänemark. Auf sieben Etagen werden verschiedene Ausstellungen gezeigt.
- **Zoologischer Garten** (Folkeparken Zoo), Østre Allé 97, 📞 54852026.
- **SchwimmCenter Falster** (SvømmeCenter Falster), Kringelborg Allé, 📞 54827000
- **Byens Cykler**, 📞 54852156
- **Cykelbørsen**, 📞 54854835
- **Vulkan**, 📞 54851306
- **Falster City Camping**, Østre Allé 112, 📞 54854545

Nykøbing, die alte Kleinstadt am Guldborgsund ist die Hauptstadt der Insel Falster. Rund 25.000 Menschen leben hier.

Entstanden ist Nykøbing um 1300 zur Zeit König Valdemars. Die Stadt begann um eine imposante Burganlage, die Valdemar zum Schutz gegen die Wenden errichtet hatte, zu

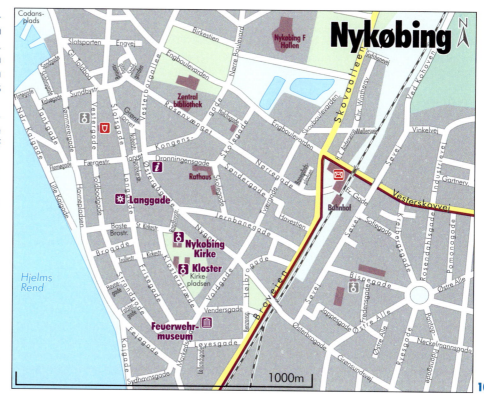

wachsen. Die Burg wurde im Laufe der Jahrhunderte in ein Schloss umgewandelt. Weitere Zeitzeugen vergangener Jahrhunderte sind einige noch gut erhaltene Häuser des 16. bis 18. Jahrhunderts, die das Stadtbild prägen.

Von Nykøbing zur Fähre Stubbekøbing- Bogø — 41 km

Sie biegen links in den **Brovejen** ab ~ auf dem rechtsseitigen Radweg bis zum **Bahnhof** ~ rechts in den **Vesterskovvej** ~ links in die **Østre Alle** ~ Sie fahren am Zoo, der Jugendherberge und dem Campingplatz vorbei ~ über den Parkplatz der **Freizeitanlage Kringelborg** ~ weiter auf dem unbefestigten Weg ~ im **Øster Skov** geht es dann auf einem asphaltierten Radweg weiter.
Im Øster Skov fahren Sie nach der Schranke geradeaus auf dem Radweg weiter ~ links in den **Prinsholmvej** ~ Sie fahren bis nach **Sønderby Vedby**.
Im Ort rechts Richtung Idestrup ~ nach gut 2 Kilometern links in den **Møllevej** ~ am Ende folgen Sie dem Straßenverlauf nach rechts und befinden sich nun im Zentrum von Idestrup.

Idestrup (DK)
PLZ: 4872

🏛 **Sydfalster Ökomuseum** (Sydfalster Økomuseum), Infos: ✆ 54148264. Das Museum ist über mehrere Standorte verteilt. Zu sehen gibt es alte Mühlen z. B. in Stovby und Gedesby. Weitere Attraktionen sind eine lokalgeologische Sammlung, ein Wasserturm, eine alte Pumpstation u. v. m.

Nach der Kirche in Idestrup zweigen Sie links in den **Kirkevej** Richtung Sønder Ørslev ab ~ Sie folgen dem Straßenverlauf ~ links in den **Østersøvej**, auf dem Sie in den Badeort Ulslev gelangen.

Ulslev (DK)

✱ **Galerie Süd**, Uslevvej 1, Sdr. Alslev, ✆ 54148214, ÖZ: Sa 11-17 Uhr, So 11-16 Uhr.

Sie biegen an der Kreuzung in Ulslev rechts Richtung Elkenøre ab ~ an der T-Kreuzung links in den **Tørvemoosvej**.
Vor der Küste links in den **Strandvejen** ~ beim nächsten Abzweig rechts ~ sofort links in den unbefestigten **Ndr. Strandvej**, der als Privatweg gekennzeichnet ist ~ parallel zur Küste ~ geradeaus auf dem **Sdr. Alslev Strandvej** weiter ~ Sie umfahren ein Haus in einem Links-Rechtsschwenk ~ vorbei am Gartenhaus des Generals, **Generalens Lysthus**, bis nach Tromnæs Skov.

Tromnæs Skov

Tipp: Von Tromnæs Skov können Sie einen Abstecher zum Schloss Korselitse machen.

Ausflug zum Schloss Korselitse — 4 km

An der folgenden Kreuzung im Wald nach links abzweigen ~ auf der wunderschönen Allee gelangen Sie direkt zum Schloss Korselitse.

Schloss Korselitse
PLZ: 4800

ℹ **Touristinformation** Nykøbing, Østergågaden 7, ✆ 54851303

✱ **Schloss Korselitse**, Trommnæs Alleen 2, ✆ 54447029, ÖZ Schlosspark: ganzjährig, Mo-So 9-18 Uhr. Das Schloss ist von einem wunderschönen **Naturpark** umgeben. Hier erwarten Sie ein Rosengarten

Schlosspark Korselitse

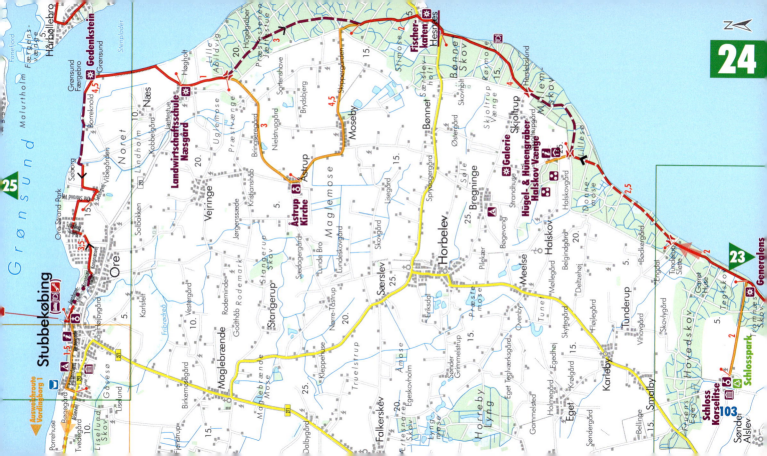

und einige Holzskultpuren. Es gibt auch einen vier Meter tiefen Eiskeller, der 1799 von schwedischen Arbeitern aus Granitsteinen erbaut wurde. Außerdem können Sie auf dem Schloss ein **Forstmuseum** (Skovbrugsmuseum) besichtigen. Bei der Touristinformation in Nykøbing erhalten Sie eine Wanderkarte für den **Korselitser Wald** (Korselitse Skovene).

❂ Pomlenakke Traktørsted, ÖZ: Mai-Sept.

Auf der Hauptroute fahren Sie an der Kreuzung weiter parallel zur Küste ⤳ an der **Ferienkolonie** vorbei ⤳ es geht auf dem unbefestigten Weg weiter ⤳ Sie passieren zwei weiße Gatter ⤳ weiter der Asphaltstraße, die in einem Linksbogen bergauf weg von der Küste führt ⤳ Sie gelangen an eine Abzweigung.

Tipp: In dem Waldstück geradeaus vor Ihnen liegen die Hügel- und Hünengräber von Halskov Vænge.

Halskov Vænge

❂ Naturcenter Halskov Vænge
❂ Galerie Arleth, Strandhuse 9, Bregninge, ☎ 54445194, ÖZ: Do-So 10-17 Uhr.

Nicht weniger als sechs Hünengräber und 72 Hügelgräber liegen auf dem knapp 30 Hektar großen Waldareal dicht beieinander. Die Hünengräber sind um die 5.500 Jahre alt. Die Hügelgräber wurden bereits in der Bronzezeit vor etwa 2.500-3.000 Jahren angelegt. Günstige Verhältnisse haben diese

Halskov Vænge – Hügelgrab

Gräber vor dem Verfall bewahrt. Zwischen den Gräbern halten weidende Schafe den Wald licht.

Eine Infotafel gibt genauere Auskunft über den Ursprung dieser Gräber und ein Rastplatz lädt zu einer Pause ein.

An der Abzweigung biegen Sie rechts in den unbefestigten Weg ab ⤳ an dem **weißen Holzgatter** vorbei in das Waldstück ⤳ der Weg endet an einem reetgedeckten Haus geradeaus weiter auf der asphaltierten Straße ⤳ an der nächsten T-Kreuzung rechts in das Fischerdörfchen Hesnæs hinein.

Hesnæs (DK)

❂ Sehenswert sind die alten reetgedeckten **Fischerkaten**. Einige der Häuser haben sogar reetgedeckte Wände und Giebel.

Der Radfernweg verläuft durch Hesnæs ⤳ nach ungefähr 1,2 Kilometern zweigen Sie in den unbefestigten Forstweg nach rechts ab.

Tipp: Ein Stück weiter geradeaus und dann links geht es ins 4,5 Kilometer entfernte Åstrup mit seiner sehenswerten Kirche.

Åstrup (DK)

❂ Åstrup Kirke, Kirkebakken, ☎ 54444006, ÖZ: ganzjährig, tägl. 8-16 Uhr.

Die Kirche ist aus Backsteinen gebaut und rot gestrichen. Im Ostgiebel des Kirchenschiffs sind zwei hervorragende Männerköpfe im Relief zu erkennen. Im Inneren sind die Fresken aus dem 14. Jahrhundert sehenswert.

Sie fahren leicht bergab durch den **Korselitse Østerskov** ⤳ vorbei an **Hügelgräbern** ⤳ nach dem **weißen Holzgatter** rechts in die asphaltierte Straße ⤳ Sie kommen an Dänemarks ältester Landwirtschaftsschule vorbei.

Landwirtschaftsschule Næsgård

Sie fahren in der folgenden Linkskurve rechts und auf dem Damm bis Grønsund.

Grønsund (DK)

❂ Gedenkstein an Maria Grubbe, Gl. Færgevej 1

Die Adelsdame Maria Grubbe, die mit dem Königssohn Ulrik Frederik Gyldenløve vermählt war, verliebte sich in den Fährmann Søren Ladefoged und brannte mit ihm durch. Zur Erinnerung an diese alte Liebesgeschichte wurde 1942 ein Gedenkstein aufgestellt, dessen Rückseite mit einer Inschrift von Frederik Nygaard verziert ist. Die Landungsbrücke in Grønsund ist mit der schönen Sicht über den Sund auf die Insel Møn ein idealer Platz für eine Rast.

Der Straße folgend kommen Sie an der alten **Landungsbrücke (Grønsunds Færgebro)** vorbei ↝ nach links in den unbefestigten Deichweg ↝ Sie passieren ein Fanggitter nach dem alten **Wehr** gleich links vom Deich hinunter und auf dem unbefestigten Weg an den Häusern in Søborg vorbei.

Søborg (DK)

Am nächsten Abzweig fahren Sie rechts ↝ an der T-Kreuzung links in den **Søborgvej** ↝ beim Transformator rechts in den **Ore Strand Vej** ↝ Sie folgen der Straße nach links in die verkehrsberuhigte Zone ↝ es geht durch den **Ore Strand Park** ↝ an der nächsten Kreuzung geradeaus in den unbefestigten Weg, Sackgasse ↝ an den **Findlingen** vorbei ↝ danach links in den geschotterten Weg **Tjørnehegnet** ↝ rechts in den asphaltierten **Kongsnæsvej** nach der Linkskurve und dem Spielplatz rechts in den Weg **Kongsnæsengen**, Sackgasse.

Am Ende der Straße geht es auf einem recht schmalen, unbefestigten Rad- und Fußpfad weiter ↝ in einem Rechtsbogen in den **Jernbanestien** ↝ auf dieser Straße am **Sportplatz** vorbei ↝ der Weg endet an einer Fabrikationshalle zur Rechten und der Kläranlage von Stubbekøbing zu Ihrer Linken ↝ weiter auf Asphalt ↝ Sie fahren direkt in das **Hafengebiet** von Stubbekøbing ↝ rechts in den **Jernbanevej** ↝ an der Kreuzung **Havnegade** rechts zum **Fähranleger** von Stubbekøbing, von dem Sie Ihre Reise mit der Fähre zur Insel Bogø fortsetzen, links geht es in den Ort.

Stubbekøbing (DK)

PLZ: 4850

- **Touristinformation**, Vestergaden 43, ✆ 5441304
- **Fähre Stubbekøbing-Bogø**, ✆ 55363636, Fährzeiten: Anfang/Mitte Mai bis Anfang Sept., sowie während der dänischen Herbstferien im Okt. (meist Kalenderwoche 42), tägl. 9-18 Uhr. Siehe auch Einleitung „Rad und Fähre", Fährdauer: 12 Minuten.
- **Stubbekøbing Egnsmuseum** (Regionalhistorisches Museum), Vestergaden 43, ✆ 54442222. ÖZ: täglich 10-16 Uhr. Blaue Emaille, Waagen etc. aus „Urgroßvaterzeiten".

Landwirtschaftsschule Næsgård

🏛 **Motorrad- und Radiomuseum Stubbekøbing**, Nykøbingvej 54, ✆ 54442222, ÖZ: Juni-Aug. & während der dänischen Herbstferien, tägl. 10-17 Uhr, Sept., Sa, So 10-17 Uhr. Das Museum zeigt 174 Motorräder und Mopeds sowie eine große Sammlung von Rundfunkempfängern, Lautsprechern, Grammofonen und Fonografen.

⛪ **Stubbekøbing Kirke** (13. Jh.). Das Innere dieser sehr alten Kirche ist mit wertvollen, regionaltypischen Kalkmalereien ausgeschmückt, die u. a. Szenen aus der Zeit der Pestbekämpfung wiedergeben.

Stubbekøbing ist wohl der älteste Ort auf der Insel Falster – die Ursprünge gehen zurück bis ins 13. Jahrhundert. Der Hafen, ehemals Heimat der Dänischen Kriegsflotte und als zentraler Fischerhafen von Bedeutung, ist heute noch Fährhafen. Seit der Eröffnung der nahegelegenen Farø-Brücke ist es in Stubbekøbing ruhiger und beschaulicher geworden.

Tipp: Die Fähre in Stubbekøbing verkehrt in der Fährsaison täglich zwischen 9 und 18 Uhr. Außerhalb der Saison fahren Sie auf der Ausweichroute über Vordingborg bis zum Abzweig nach Viemose bei Kalvehave, wo Sie Anschluss an den Radfernweg Berlin – Kopenhagen haben.

Ausweichroute über Vordingborg   47,5 km

Tipp: ⚠ Von Stubbekøbing bis Nørre Alslev fahren Sie auf der Regionalroute 49.

Am Hafen von Stubbekøbing biegen Sie vom **Jernbanevej** links in die **Havnegade** ⤳ gleich rechts in die **Vestergade** ⤳ Verlängerung **Gl. Landevej** ⤳ am Ende der Straße links in den **Strandvejen** ⤳ rechts in den **Alslevvej**, bis zur Autobahnauffahrt fahren Sie leider auf der stärker befahrenen Straße ⤳ dann weiter auf dem rechtsseitigen Radweg parallel zum Stubbekøbingvej bis zur T-Kreuzung in Nørre Alslev.

Nørre Alslev (DK)
PLZ: 4840

ℹ **Touristinfo Nørre Alslev**, Stationspladsen 3, ✆ 54434924

An der T-Kreuzung fahren Sie rechts und gleich links in den **Nørre Grimmelstrupvej** ⤳ Sie folgen dem Straßenverlauf durch **Nørre Grimmelstrup** ⤳ in einem Rechtsschwenk aus dem Ort ⤳ an der T-Kreuzung links ⤳ direkt rechts in den **Storstrømsvej**.

Tipp: ⚠ Ab dem Storstrømsvej fahren Sie weiter auf der Nationalroute 7 bis Vordingborg. Weiter auf dem rechtsseitigen Radweg nach dem Kreisverkehr wechselt der Radweg auf die linke Straßenseite ⤳ Sie überqueren den **Storstrømmen** ⤳ Sie kommen auf dem **Brovejen** von der Insel **Masnedø** über den Masnedsund ⤳ danach führt der Radweg links von der Brücke herunter Richtung Zentrum Vordingborg.

Vordingborg (DK)
PLZ: 4760

ℹ **Touristinfo**, Danmarks Borgcenter, Slotsruinen 1, ✆ 55341111 auch 🚲

🏛 **Dänisches Burgenzentrum** (Danmarks Borgcenter), Slotsruinen 1, ✆ 55372554, ÖZ: Juni-Aug., tägl. 10-17 Uhr, Sept.-Mai, Di-So 10-16 Uhr, Ausstellungen zur Geschichte Vordingborgs von der Steinzeit bis zur Gegenwart.

Vordingborg - Skulptur 'Østerport'

Vordingborg

- **Gänseturm** (Gåsetårnet), Slotsruinen 1, ✆ 55272554. Der Gänseturm auf dem Gelände der Burgruine ist das Wahrzeichen der Stadt. Von der Aussichtsplattform hat man einen prächtigen Blick über die Bucht und die Küstenlandschaft.
- **Botanischer Garten** (Historisk-botnaisk Have), Slotsruinen 1, ✆ 55341111, ÖZ: tägl., historische Heilkräuter, Pflanzen und Blumen.
- **Svend Heinid Center**, Præstegårdsvej 18, ✆ 55360800, ÖZ: Jan.-Nov., Mo-Fr 9-15 Uhr, Sa, So 10-17 Uhr. Wissenswertes über Körper, Geist und Umweltschutz, Messung von Energieverbrauch, Fitness und körperlicher Stärke, Stressaktionstest.
- **Masnedø Festung** (1912-15), Fortvej 8, ✆ 55376476, Kunstausstellungen während der Sommermonate, Besichtigung des Forts möglich.
- **Gerts Cykler**, ✆ 55370267
- **Algades Cykler**, ✆ 55370577

An der T-Kreuzung rechts in den **Orevej**, gegenüber liegt die **Rudolf-Steiner-Schule** ~ nach der Brücke weiter auf der **Volmersgade** ~ links in den **Færgegaardsvej** ~ nach der Marienberg Schule und den **Tennisplätzen** schwenkt der Radweg von der Straße weg nach rechts ~ weiter längs des Ufers ~ rechts in den **Nordhavnsvej**.

Tipp: Von Vordingborg geht es auf dem **Ostsee-Radweg Dänemark „Østersøruten"** bis zum Abzweig nach Viemose bei Kalvehave. Weitere Infos finden Sie im gleichnamigen *bikeline*-Radtourenbuch.

Es geht am Ruderklub vorbei ~ Sie überqueren den Parkplatz und halten sich links ~ an dem Fanggitter vorbei ~ auf dem zunächst unbefestigten, später asphaltierten Weg, dem **Bakkebøllestien**, geht es durch die Felder und Wälder bis in den Ort Nyråd.

Nyråd (DK)

Nach dem **Vintersbølleskovvej** biegen Sie links in den **Vintersbølleskolesti** ab ~ an der T-Kreuzung rechts in den **Bakkebøllevej** ~ Sie bleiben immer auf dieser Straße, durchfahren zunächst **Bakkebølle**, überqueren die **Autobahn nach Kopenhagen** und kommen dann durch Stensby.

Stensby (DK)

Tipp: Für eine ruhige Rast bietet sich ein Abstecher nach Petersværft an. Dann erreichen Sie den Ort Langebæk-Møllehuse, den Sie auf der Lan-

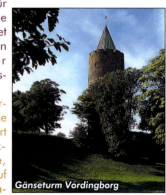

Gänseturm Vordingborg

gebæk Gade verlassen ↝ an der folgenden T-Kreuzung links in den **Gl. Vordingborgvej** ↝ sofort rechts in die **Østergårdstræde** ↝ rechts in den **Rødsbjergvej** ↝ es geht hügelig dahin bis die Straße einen Rechtsschwenk macht ↝ beim nächsten Abzweig gleich rechts in den **Lars Hans Vej** ↝ noch ein Stück auf der **Bygaden** ↝ der abknickenden Vorfahrt nach links folgen, rechts liegt **Gammel Kalvehave**.

Sie fahren weiter auf der Straße **Skolesvinget** ↝ an der T-Kreuzung links in den **Kirkevejen** ↝ an der nächsten Kreuzung, die Sie geradeaus überqueren, haben Sie wieder Anschluss an den Radfernweg Berlin-Kopenhagen.

Tipp: Auf Karte 26 finden Sie den Anschluss zur Hauptroute dargestellt.

Von der Fähre Stubbekøbing-Bogø nach Hårbøllebro 9,5 km

Bogø (DK)
PLZ: 4793

🛈 **Møn Touristburo**, Storegade 2, 4780 Stege, ☎ 55860400

⛴ **Fähre Stubbekøbing-Bogø**: s. Stubbekøbing

Sie fahren von der Fähre bis zur Hauptstraße hinauf und biegen rechts in den **Grønsundvej** ein ↝ über den Deich geht es auf die Insel Møn.

Fähre Stubbekøbing-Bogø

Insel Møn

Die Insel Møn ist eine der populärsten Inseln Dänemarks und weithin bekannt für ihre wunderschöne Steilküste entlang der Ostküste, Møns Klint. Über eine Länge von acht Kilometern erheben sich die Kreidefelsen teils über hundert Meter aus dem türkisgrünem Wasser steil empor. Hier fühlt sich der eine oder die andere sicher an die Rügen-Bilder des deutschen Malers Caspar David Friedrichs erinnert.

Møns Klint entstand vor über fünfundsiebzig Millionen Jahren. Wind und Wetter hinterlassen seither ihre Spuren und prägen die Küste Jahr um Jahr. Im Winter 1987/88 stürzte der höchste Fels ins Meer. Seitdem ist der Dronningestolen (Königinnenthron), mit seinen 128 Meter das Wahrzeichen von Møns Klint.

Aber nicht nur die Kreidefelsen sondern auch die abwechslungsreiche Landschaft wie die Eichen- und Buchenwälder, die Salzwiesen und Heidegebiete und das Vogelreservat auf der autofreien Insel Nyord sind wahre Naturerlebnisse. Außerdem können Sie sich an den schönen Badestränden auf der Halbinsel Ulvshale (Wolfsschanze) erholen.

Tipp: Für einen Ausflug zu den Kreidefelsen von Møn sollten Sie 2 Tage einplanen. Ausführliche Informationen finden Sie im **bikeline**-Radtourenbuch **Ostsee-Radweg Dänemark**.

Von der Fähre ungefähr 6 Kilometer geradeaus bis kurz vor Store Damme radeln.

Tipp: Von Store Damme gibt es eine Abkürzung nach Koster. Sie fahren dann zwar nicht durch Stege, sparen sich aber rund 7 Kilometer auf der verkehrsreichen Hauptstraße zwischen Stege und Koster.

Leuchtturm auf der Insel Møn

Verkehrsarme Variante nach Koster 12 km

Noch einen halben Kilometer geradeaus ~ rechts auf der **Fanefjordgade** in den Ort.

Store Damme (DK)
PLZ: 4792

🏛 **Schmuckmuseum** (Danmarks Smykkemuseum), Hjørnet 6, ✆ 55817608

In Store Damme am Gasthof links in die **Dammegade** ~ in **Tostenæs** rechts in den **Røddingevej** bis nach Røddinge.

Røddinge (DK)

✱ **Ganggrabmuseum** (Jættestuemuseum), Klekkendevej 13, ✆ 55817047, der Schlüssel kann im Haus an der Auffahrt zum Ganggrab abgeholt werden. Zu sehen sind Funde aus dem Ganggrab **Klekkende Høj**. Dieses stammt aus der Jungsteinzeit ca. 2500 n.Chr. und ist das einzige Doppelkammergrab auf der Insel Møn.

Auf der **Sprovegade** geht es weiter nach Sprove.

Sprove (DK)

⚱ Das 10 m lange und 2 m breite **Ganggrab Kong Asgers Høj** stammt aus der Steinzeit und zählt zu den am besten bewahrtesten und größten Gräbern Dänemarks aus dieser Zeit.

Sie folgen der Beschilderung zum Ganggrab links in den **Orehældvej** ~ beim Ganggrab rechts ~ Sie folgen dem Straßenverlauf bis nach Koster.

Koster (DK)

Sie fahren durch den Ort bis zur Hauptstraße, in die Sie nach links abbiegen.

Tipp: Sie sind nun wieder auf dem Radfernweg Berlin – Kopenhagen. Lesen Sie weiter auf Seite 114.

Auf der Hauptroute rechts in den **Frederikshavevej** ~ diesem bis zur Fanefjord Kirche folgen.

Fanefjord

⛪ **Fanefjord Kirche**, Fanefjord Kirkevej 51, ✆ 55817005. Die Ausschmückungen des Kircheninneren stammen von dem sogenannten Elmelunde Meister aus dem 13. Jh. Auf der Insel gibt es zwei weitere Kirchen, in denen diese Art der Malerei zu sehen sind: Kirche Elmelunde, Kirche Keldby.

⚱ **Hügelgrab Grønsalen**, Fanefjord Kirkevej 55. Der Langdolmen ist von 145 mannshohen Randsteinen umgeben und misst eine Länge von 100 m und eine Breite von 10 m.

Tipp: Sehenswert sind hier zwei der interessantesten Ganggräber der Insel Møn.

Auf dem **Fanefjord Kirkevej** weiter in Richtung Hårbøllebro ~ nach dem Rechtsbogen links in den **Hårbøllevej** und in den Ort.

Hårbøllebro

Von Hårbøllebro nach Stege 21 km

Durch den Ort bis zur T-Kreuzung ~ links und weiter der Straße nach **Hårbølle** folgen ~ an der Straßengabelung rechts halten auf den **Vindebækvej** ~ links auf den **Julbergvej** ~ an der T-Kreuzung links und gleich wieder rechts ~ an der Straßengabelung rechts in den **Fibigervej** ~ im Wald links ~ auf den **Fanefjord Skovvej** zur T-Kreuzung radeln ~ rechts nach Liseby.

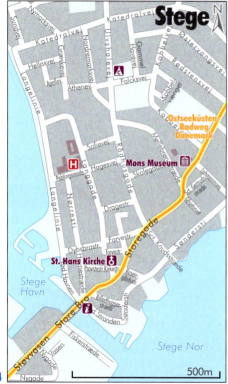

Liseby (DK)
Geradeaus weiter auf dem **Lisebyvej** bis zum folgenden Abzweig.
Tipp: Wenn Sie der Alternativroute hier nach rechts folgen, ersparen Sie sich 3 Kilometer.
Am Abzweig rechts in den **Grønvedvej** ~ am Waldrand entlang bergab in Richtung Meer ~ dem Straßenverlauf folgen ~ an der Gabelung rechts und auf dem **Rytsebækvej** nach **Hjelm**.
Im Ort immer rechts halten ~ auf der **Hjelmgade**, die in den **Hjelmvej** übergeht, gute vier Kilometer geradeaus ~ an der T-Kreuzung links und immer der Straße um die Bucht herum folgen, rechts liegt das Zentrum von Stege.
Tipp: Stege ist ein idealer Ausgangsort für einen zweitägigen Ausflug auf die Insel Møn und zu den Kreidefelsen im Osten der Insel. Weitere Infos können Sie dem *bikeline*-Radtourenbuch Ostsee-Radweg Dänemark entnehmen.

Stege (DK)
PLZ: 4780
- **Touristinformation**, Storegaden 2, ✆ 55860410
- **Møns Museum**, Storegaden 75, ✆ 55814067; ÖZ: Di-So 10-16 Uhr; Erinnerungen aller Art an die Vergangenheit Møns.
- **Museumsgården**, Skullebjergvej 15, ✆ 55813080.
- **St. Hans-Kirche** (13. Jh.). Im Inneren dieser Kirche gibt es zahlreiche interessante Kalkmalereien, die typisch für die Region und für Dänemark sind.
- Sehenswert sind der **Marktplatz**, die mittelalterliche Wallanlage und das **Mühlentor** (Mølleporten, Storegaden 75).
- **Dæk-Ringen Stege**, Storegaden 91, ✆ 55814249

Stege ist die Hauptstadt der Insel Møn. Ihren ganz besonderen Charme erhält die Stadt, die sich ans Steger Haff schmiegt, durch die historischen Häuser in den Nebengassen und die gut erhaltene Wallanlage aus dem Mittelalter. Im 15. Jahrhundert entstand die mächtige Verteidigungsanlage, die noch heute einen Eindruck davon vermittelt, welch starke Feindesabwehr zum Schutz der Stadt nötig war. Wahrzeichen der Stadt ist das Mühlentor aus dem 16. Jahrhundert. Als einziges von ursprünglich drei Stadttoren überdauerte es die vergangenen Jahrhunderte.

Von Stege nach Præstø — 31 km
Sie befinden sich nun auf dem **Kostervej**, auf dem Sie bis nach **Koster** fahren ~ es geht über die Brücke **Dronning Alexandrines Bro** nach Kalvehave.

Kalvehave (DK)

🏛 **Museumsschiff** (Museumsbåde), Havnevej 2, ✆ 55388460

⛪ **Kalvehave Kirke** (13. Jh.), Kirkevejen 4, ✆ 55388105, ÖZ: ganzjährig, Di-Fr 8-17 Uhr. Sehenswert ist das sechsteilige Altarbild (1590), die Kanzel im Barockstil (1639) und das spätgotische Kruzifix. Vom Kirchenhügel aus hat man eine weite Aussicht über den Ulvsund und die südlichen Inseln.

Nach der Brücke gleich links ~ an der Kirche rechts in den **Kirkevejen** ~ an der Querstraße geradeaus in den **Abzweig nach Viemose** ~ auf der **Viemose Gade** nach Viemose.

Viemose (DK)

Auf dem gesamten Streckenverlauf bis nach Præstø ist es teilweise sehr hügelig ~ hinter Viemose biegen Sie rechts in den **Balle Strandvej** ein ~ links in den **Sagebyvej** bis **Sageby** ~ weiter auf dem **Kindvigvej** ~ Sie fahren über **Kindvig** bis nach Sandvig.

Sandvig (DK)

Am Abzweig im Ort geht es links Richtung **Mern** ~ auf der Anhöhe, links befindet sich ein Haus, rechts in den **Enighedsvej** ~ an der T-Kreuzung vor Kragevig links ~ an der nächsten T-Kreuzung erneut links ~ an der Hauptstraße rechts, auf dem **Neblevej** geht es ein kurzes Stück durch den Verkehr ~ links in den **Rekkendevej**, vor Ihnen liegt der Ort Rekkende.

Rekkende (DK)

Rechts in den **Lygtevej** ~ nach der Rechtskurve links in den **Svanegårdsvej** ~ an der T-Kreuzung links in den **Lillemarksvej** ~ rechts in den **Vægtervej** ~ an der Vorfahrtstraße rechts ab ~ auf dem **Mønvej** fahren Sie nach Skibinge.

Skibinge (DK)

Nach der Linkskurve am Ortsausgang rechts in den **Tubæk Møllevej**, der von der Straße wegführt ~ Sie passieren zwei Fanggitter und überqueren eine Brücke ~ Sie folgen dem Verlauf des Weges ~ rechts in den Radweg ~ nach der Rad- und Fußgängerunterführung weiter auf dem **Ny Essbjergvej** ~ an der T-Kreuzung links in die **Vesterbro Adelgade** ~ rechts

Præstø Marktplatz

in den **Jernbanevej**, geradeaus geht es nach Præstø hinein.

Præstø (DK)

PLZ: 4720

🏛 **Dänisches Feuerwehrmuseum** (Dansk Brandværnshistorisk Museum), Havnevej 4, Ausstellung zur Geschichte der Feuerwehr in Præstø.

⛪ Die **Kirche** auf dem Klosterbakken stammt aus dem Frühmittelalter und ist das älteste Gebäude der Kleinstadt.

Von Præstø nach Kopenhagen 135,5 km

Zu Beginn der vierten und letzten Etappe können Sie noch einmal das beschauliche und idyllische Dänemark genießen. In vergangene Zeiten versetzen Sie ein Besuch der Kreidebrüche, in denen Sie nach Fossilien graben können, oder der Alten Kirche in Højerup. Zahlreiche Hügelgräber liegen in den Wäldern in Magleby Skov und Gjorslev Bøgeskov verstreut und in Gjorslev sehen Sie die größte und besterhaltene mittelalterliche Burg des Landes. Ab Køge wird der Einfluss Kopenhagens spürbar, es wird zunehmend urbaner und hektischer, und dennoch geht es weiter durch grüne Flecken und noch lange mit Blick auf die Ostsee. Dann ist das Ziel erreicht: Kopenhagen – viel Spaß in der dänischen Hauptstadt!

Auf der letzten Etappe fahren Sie auf ruhigen Nebenstraßen, in Stadtgebieten hauptsächlich auf Radwegen. Nach Kopenhagen hinein geht es auf Rad- und Fußwegen. Verkehrsreich ist es zwischen Nysø und Faxe Ladeplads, insgesamt 13 Kilometer ohne Radweg.

Schloss Nysø

Von Præstø nach Faxe Ladeplads　19 km

Vom **Jernbanevej** links in den **Nysøvej** ~ an der T-Kreuzung rechts in die Straße **Præstø Overdrev** Richtung Faxe.

Schloss Nysø
◉ Auf Schloss Nysø befindet sich die **Thorvaldsen Sammlung**.

Tipp: ⚠ Von der T-Kreuzung bis zum Abzweig Strandegård verläuft der Radfernweg Berlin – Kopenhagen auf einer Strecke von 7 Kilometern auf der vielbefahrenen Straße. Nur auf einem sehr kurzen Stück gibt es einen linksseitigen Radweg. Leider gibt es hierzu keine verkehrsärmere Alternative.

Sie folgen der Straße parallel zum Ufer des **Præstø Fjords** ~ es geht weiter durch die Orte **Sjolte Strandhuse** und **Mosebølle Strandhuse** ~ an der folgenden Kreuzung rechts.

An der nächsten T-Kreuzung links ~ rechts in den **Lindersvoldvej** ~ beim nächsten Abzweig links in den **St. Elmuevej** ~ rechts Richtung Faxe Ladeplads ~ in **Store Elmue** nach rechts abbiegen ~ immer geradeaus auf der Straße bis zum Ortsrand von Faxe Ladeplads.

Faxe Ladeplads (DK)
PLZ: 4654
ℹ Tourist-Information, Postvej 3, ✆ 56716034
◉ Kreidebruch in Faxe

Faxe Ladeplads schmiegt sich längs der Faxe Bucht. Weiter nordwestlich liegt die Stadt Faxe, in der das berühmte dänische Bier gebraut und Limonade hergestellt wird. Interessant ist eine Besichtigung der Brauerei – leider nur für Gruppen möglich. In Faxe gibt es auch einen Kreidebruch, in dem Sie nach Millionen Jahre alten Fossilien, wie Seeigeln und Donnerkeilen suchen können.

Von Faxe Ladeplads nach Rødvig　18 km

Sie fahren auf dem **Strandvejen** bis zum Hafen von Faxe Ladeplads ~ geradeaus weiter auf der Straße **Hovedgaden**, auf der Sie aus dem Ort hinaus durch den Wald bis nach Vemmetofte fahren.

Vemmetofte (DK)
PLZ: 4640
◉ Kloster **Vemmetofte**, Vemmetoftevej 42, ✆ 56710008. Dieses Kloster war früher ein Stift für adlige Fräulein („Adelige Jomfrukloster"). Das Stift betreibt heute moderne Land- und Forstwirtschaft und den nahe gelegenen Campingplatz.
◉ **Stiftsgarten**, ÖZ: 8-18 Uhr. Hier können Sie in aller Ruhe

Kalkbruch Faxe

Kraft für die Weiterfahrt und die quirlige dänische Hauptstadt schöpfen. Eine 300-jährige Lindenallee, ein strohgedecktes Teehaus und ein kleiner Tiergarten erwarten Sie.

1694 erwarb Königin Charlotte Amalie den Herrensitz von Vemmetofte, um hier ein Stift für adelige Fräulein zu gründen. Sie selbst konnte ihre Pläne nicht mehr umsetzen. Nach ihrem Tod ließ ihr Sohn Prinz Carl das

Kloster Vemmetofte

Anwesen aufwändig restaurieren und um ein vierflügeliges Barockschloss mit Viehhaus, Ackerhof, Ställen, Fachwerkhäusern und einen Lustgarten erweitern. Seine Schwester Sophie Hedevig, mit der er das Gut zusammen bewohnte, trieb die Pläne der Mutter voran. Das Stift wurde 1735 gegründet und unter der Leitung einer Oberin und zweier Kuratoren gestellt. Heute steht das Kloster für diejenigen offen, die nach einem Ort der Ruhe und Abgeschiedenheit suchen.

Am Ortseingang rechts in die Straße **Nystrandskov** ~ links in den **Mørkhusvej** ~ beim nächsten Abzweig rechts in den **Rødvigvej** ~ Sie folgen dem Straßenverlauf durch die Orte **Lille Torøje**, **Lund** und **Højstrup** ~ in Højstrup weiter auf der Straße **Højstrupvej** ~ Sie fahren an den ersten Häusern und dem **Campingplatz** von Rødvig vorbei ~ an dem folgenden Abzweig rechts in den **Strandgabsvej**, linksseitiger Radweg ~ am Ende des Radweges rechts in die **Strandstræde**, Zone 30 ~ gleich links in den **Strandvejen** ~ die verkehrsberuhigte Straße geht geradeaus in die **Hovedgaden** über ~ über den Bahnübergang ~ nach dem Bahnhof stoßen Sie auf den querenden **Østersøvej** im Zentrum von Rødvig.

Rødvig (DK)
PLZ: 4673

- **Tourist-Information Stevn**s, Havnevej 21, ✆ 56506464
- **Schiffsmotoren-Museum**, Havnevej 7, ✆ 56506347, ÖZ: Mai-Okt., Sa, So 10.30-16.30 Uhr, Juni-Aug., tägl. 10.30-16.30 Uhr. Die Museumsausstellung zeigt 150 Motoren im Wandel der Zeit von 1903-1972.

Fiskehuset, Højerup

Von Rødvig nach Gjorslev — 16 km

Sie biegen links in die **Østersøvej** ab ~ geradeaus weiter auf dem **Rødvigvej** ~ rechts in den **Korsnæbsvej** Richtung Højerup.

Tipp: Zwischen Rødvig und Højerup bietet sich die Möglichkeit, den Kalkbruch Boesdal zu besichtigen.

Sie erreichen **Højerup** ~ im Ort biegen Sie rechts in den **Højerup Byvej** bis zum Dorfweiher, geradeaus geht es zum Museum und der Alten Kirche am Steilufer.

Højerup (DK)
PLZ: 4660

- **Stevns Museum**. ✆ 56502806, ÖZ: Mai-Sept., Di-So 11-17 Uhr, Juli, tägl. 11-17 Uhr.

Alte Kirche Højerup

Alte Kirche (13. Jh.)
Kreidefelsen Stevns Klint

Zur Zeit ihrer Erbauung lag die Alte Kirche noch weit im Landesinneren und vor den Fluten der Ostsee geschützt. Wind und Wetter nagten in den vergangenen Jahrhunderten an der Küste und trugen das Land bis zur Kirche ab. Im März 1928 stürzten der Chor und ein Teil des Friedhofs in die Tiefe, der verbliebene Teil der Kirche wurde gesichert.

Die Kreidefelsen von Stevns sind wirklich einen Besuch und eine Rast wert. Von Højerup aus können Sie auf einem 5 Kilometer langen Fußweg die schönsten Stellen des Küstenstreifens erkunden. Die Felsen erstrecken sich über eine Länge von über 15 Kilometer und sind bis zu 41 Meter hoch. Über Millionen von Jahren sind hier die verschiedenen geologischen Schichten abgelagert worden und treten jetzt an den Bruchstellen wieder zu Tage. Diese weisen zum Meer hin sehr interessante Formationen auf und sind für geologisch Interessierte und Forschergeister das Richtige, um nach Versteinerungen zu suchen.

Beim Dorfweiher biegen Sie links in den **Hærvejen** ab und fahren bis zum Abzweig nach **Tommestrup**.

Tipp: Von Tommestrup können Sie einen Ausflug in die alte Handelsstadt Store Heddinge unternehmen.

Ausflug nach Store Heddinge 7 km

In Tommestrup wenden Sie sich links in den **Gl. Klintevej** ~ links Richtung Store Heddinge abbiegen ~ weiter auf dem **Tommestrupvej** ~ nach der Rechtskurve am Ende der Allee links in die **Østergade** abbiegen ~ nächste Straße rechts, Sie kommen am **Marktplatz** von Store Heddinge heraus.

Store Heddinge
St. Katharina-Kirche. Die achteckige Kirche stammt aus dem 13. Jh.
Wasserturm (1911)

Es geht geradeaus auf der **Algade** weiter, rechter Hand liegt die **St. Katharina-Kirche** ~ geradeaus in die **Nørregade** ~ an der Ampelkreuzung rechts in den **Sigerslevvej** ~ am Friedhof vorbei ~ durch **Sigerslev**

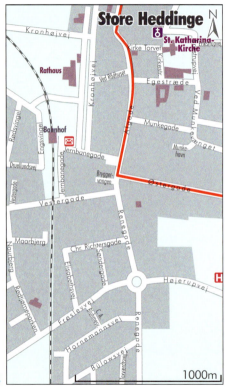

nach dem Dorfweiher trifft die Ausflugsroute wieder auf die Hauptroute.

Sie fahren auf der Hauptroute von **Tommestrup** immer geradeaus ~ an einem **Kalksteinbruch** vorbei ~ an der T-Kreuzung links in den **Espekærvej**.

Tipp: Rechts geht es nach Mandehoved zu den Kreidefelsen und zum Naturzentrum.

Mandehoved (DK)
PLZ: 4660

✱ Naturzentrum Stevns (Stevns Natur Center), Mandehoved 10, ☎ 56502234, thematische Führungen entlang der über 14 Kilometer langen Steilküste, Fossiliensuche unter fachlicher Anleitung, Ausstellung zu fossilen Funden aus der Kreidezeit.

An der T-Kreuzung rechts in den **Sigerslevvej**, links von Ihnen liegt der Ort **Sigerslev** ~ es geht weiter nach **Holtug** ~ geradeaus auf der **Holtug Bygade** durch den Ort ~ an der Kirche links.

Tipp: Interessant ist ein Ausflug zum Gjorslev Bøgeskov. In dem großflächigen Buchenwald befinden sich 55 Hügelgräber. Direkt am Strand lädt ein Restaurant zum Verweilen ein. Der Ausflug ist insgesamt 7 Kilometer lang.

Sie fahren geradeaus weiter und kommen direkt auf das Schloss Gjorslev zu.

Schloss Gjorslev

Gjorslev (DK)

🏛 **Schloss Gjorslev** ist die älteste mittelalterliche Burg Dänemarks. Sie befindet sich in Privatbesitz, nur der Park ist zugänglich.

Von Gjorslev nach Køge   19,5 km

Sie folgen dem Straßenverlauf links um das Schlossanwesen herum ~ Sie kommen durch **Magleby** ~ an der Hauptverkehrsstraße rechts in Richtung **Tjørnehøj** ~ weiter in einer links - rechts Kombination nach **Strøbylille** dort links ~ an der T-Kreuzung rechts auf den **Strandvejen** nach **Strøby Ladeplads** ~ an der Küste entlang bis nach **Jærnen**

Tipp: Links geht es nach **Valløby** mit seinem schönen Schloss.

Ausflug nach Valløby   5,5 km

Sie biegen von der Hauptroute nach links in Richtung **Lindevang** ~ an der Hauptstraße rechts bis zum **Abzweig** nach **Valløby** nach der Schule auf der rechten Seite ~ durch den **Rad- und Fußgängertunnel** unter der Straße nach links ~ bis **Valløby** weiter auf dem Radweg, der Sie nach einem weiteren Rad- und Fußgängertunnel rechts hinauf zur Hauptverkehrsstraße Richtung Køge führt ~ ein kurzes Stück auf dem linksseitigen Radweg bis zur Kirche in Valløby.

Valløby

- Museum **Pferdestall** (Hestestalden), Slotsgade, Vallø, ✆ 56267462, ÖZ: Mo-So 11-16 Uhr.
- **Schloss Vallø**, Renaissanceschloss, Parkanlage und Schlosshof frei zugänglich

Sie biegen in die erste Straße links ab ~ geradeaus bis zum prunkvollen **Schloss Vallø** ~ vor dem Schloss rechts ~ nach der Linkskurve gleich wieder rechts ~ immer geradeaus durch das **Waldstück Pramskov Purlund** ~ an der Querstraße links und Sie sind wieder auf der Hauptroute.

Sie fahren auf der Hauptroute von **Jærnen** aus weiter über **Strøby Egede** und fahren dann nach einem linksschwenk rechts auf dem **Sdr. Viaduktvej** nach Køge ~ gleich rechts in den **Strandvejen** ~ über die Schienen und dem Rechtsbogen folgen ~ an der Kreuzung rechts in die **Søndre Alle** ~ geradeaus weiter auf der **Brogade** in die verkehrsberuhigte Innenstadt und weiter bis zum mittelalterlichen Marktplatz von Køge.

Køge (DK)
PLZ: 4600

- **Tourist-Information**, Vestergaden 1, ✆ 56676001
- **Skizzensammlung** (Skitsesamling), Nørregaden 29, ✆ 56676020, ÖZ: Di-So 11-17 Uhr, Dänemarks einziges Museum speziell für Skizzen, Skulpturenausstellung.
- **Køge Museum**, Nørregaden 4, ✆ 56634242, ÖZ: Juni-Aug., tägl. 11-17 Uhr, Sept.-Mai, Di-Fr 13-17 Uhr, Sa 11-15 Uhr, So 13-17 Uhr.
- **Kjøge Ministadt**, Strandvejen 101, ✆ 56636218, ÖZ: Juni-Aug., Mo-Fr 10-16 Uhr, So 11-15 Uhr, Sept., Mo-Fr 10-13 Uhr.
- **Spielzeugmuseum**, Vestergaden 29, ✆ 56656491, ÖZ: Ende Juni-Anfang Aug., Di-Fr 11-15 Uhr, Aug.-Juni, Fr-Sa 11-14 Uhr.
- **St. Nicolai Kirche** (1324). Die Kirche, die dem Schutzheiligen der Seefahrer geweiht ist, ist so alt wie die Stadt selbst. Im Innern wurde sie barock ausgeschmückt, von Außen zeigt sie sich eher in schlichterer, norddeutscher Gotik. In der

Køge Marktplatz

Kirche gibt es auch eine **Kirchenausstellung**, ✆ 56651359, ÖZ: Ende Juni-Anfang Aug., Mo-Fr 10-16 Uhr.
- Sehenswert ist der **mittelalterliche Marktplatz** und die Straßen rund um St. Nicolai. Das **älteste Fachwerkhaus** Dänemarks (1527) befindet sich in der Kirkestræde 20.
- **Køge Schwimmland** (Svømmehal), Ølby Center 104, ✆ 56672770, ÖZ: Mo-Fr 6-20.30, Sa, So 8-16 Uhr.

Køge erhielt 1288 die Stadtrechte und entwickelte sich zu einer florierenden Handelsstadt. Der historische Ortskern gehört zu den besterhaltensten Dänemarks. Sehr behutsam wurde das Zentrum der Mittelalterstadt rund um den prächtigen Marktplatz restauriert.

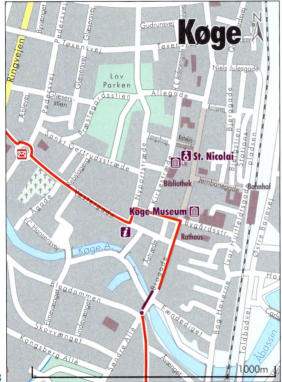

Von Køge nach Karlslunde 21 km

Tipp: Bereits von Køge können Sie bequem mit der S-Bahn (S-tog) nach Kopenhagen fahren.

Am **Marktplatz** biegen Sie links ab auf der **Vestergade** bis zur Kreuzung am **Ringvejen** ⤳ geradeaus auf dem Radweg weiter längs des **Ølbyvej** ⤳ am Ende der Siedlung endet der Radweg und Sie fahren weiter auf der Straße ⤳ Sie überqueren die Autobahn und kommen nach Ølby.

Ølby (DK)

🕗 **Ølby Kirke**, ÖZ: Mo-Fr 10-14 Uhr

An der folgenden T-Kreuzung links in den **Lyngvej** ⤳ gleich rechts in den **Ølbyvej** ⤳ an der Kreuzung vor der **Mühle** links in den **Ølsemaglevej** nach **Højelse** ⤳ an der **Kirche** rechts auf dem Radweg nach Lille Skensved, in das Sie auf dem **Højelsevej** hineinkommen.

Lille Skensved (DK)

An der T-Kreuzung links in den **Ølbyvej** ⤳ an der folgenden Kreuzung rechts in die **Hovedgaden**, bis zum Bahnübergang geht es weiter auf dem Radweg ⤳ am nächsten Abzweig links ⤳ dann rechts und weiter der Beschilderung nach Jersie folgen.

Jersie

Sie fahren an der Kreuzung auf Höhe der Kirche rechts in die Straße **Møllebakken** ⤳ am Ende der Sackgasse an den **Fanggittern** vorbei ⤳ weiter auf dem Radweg ⤳ nach der **Sporthalle** schwenkt der Radweg nach links ⤳ an der Querstraße rechts ⤳ Sie überqueren die Straße an dem Fußgängerüberweg ⤳ ein Stück nach rechts ⤳ nach der Unterführung links in den Radweg Richtung Solrød ⤳ auf dem Radweg längs des **Roskildevejs** bis kurz vor dem Abzweig in den Ort ⤳ an der Straßenunterführung rechts in den Ort hinein.

Solrød (DK)

✱ In Solrød gibt es eine alte **Kiesgrube**, in der Geologieinteressierte fündig werden können. Das gesamte Gebiet ist heute Naturschutzgebiet.

Der Radweg verläuft parallel zum Ortsrand ⤳ an der **Schranke** nach links, es geht bergab ⤳ links in die Querstraße **Den Lille Garden** ⤳ Sie gelangen an die Ortsdurchgangsstraße und fahren hier nach rechts ~ in der Rechtskurve links ~ an der Kirche rechts in den **Nordmarksvej** bis nach Karlstrup.

Karlstrup
PLZ: 2680
- **Tourist-Information**, Solrød Center 1, ✆ 56147711
- **Kirkehøj**

An der mittelalterlichen Kirche Kirkehøj rechts und auf dem direkten Weg bis nach Karlslunde, dem Zielort dieser Etappe.

Karlslunde (DK)

Von Karlslunde nach Ishøj   20,5 km

An der T-Kreuzung links in die **Hovedgaden**, rechts liegt das **Stadtzentrum** von Karlslunde ~ an der folgenden T-Kreuzung wieder links ~ Sie folgen dem stark befahrenen **Karlslunde Centervej** Richtung Tune ~ am nächsten Abzweig rechts in den Fløjterupvej ~ an der T-Kreuzung rechts ~ auf dem Radweg geradeaus ~ an der Kreuzung geradeaus in den Ort Greve hinein.

Greve (DK)
PLZ: 2670
- **Hafen und Touristbüro**, Hajren 24, ✆ 43908618
- **Greve Museum**, Bækgårdsvej 9, ✆ 43404036, ÖZ: Di-Fr 11-15 Uhr, So 11-17 Uhr. Das kulturhistorische Museum informiert über die alte Hedebokultur.
- **Kulturzentrum Portalen**, Portalen 1, Greve Strand ✆ 43978300, ÖZ: Di-Fr 14-17 Uhr, Sa, So 11-15 Uhr.
- **Hallenbad**, Greve Strand

In Greve kommen Sie nach der Straßenverengung an eine Bushaltestelle.

Tipp: ⚠ Die Wegweiser führen Sie in einem Bogen durch den Ort. Die Ortsdurchfahrt können Sie abkürzen, wenn Sie an der Bushaltestelle sofort links in den Gjeddesdalvej abbiegen. Sie fahren geradeaus und befinden sich bereits wieder auf der Hauptroute. Die offizielle Route führt geradeaus weiter auf der Straße **Vesterbjerg**, die in die Straße **Greve Bygade** übergeht ~ beim Lebensmittelladen links in die Straße **Grevetoften** ~ Sie fahren auf der Rückseite der Häuser zurück ~ an der T-Kreuzung rechts in den **Gjeddesdalvej**.

An der nächsten T-Kreuzung nehmen Sie die viel befahrene Straße nach rechts ~ an dem folgenden Abzweig links und gleich wieder rechts ~ Sie befinden sich auf der Dorfstraße **Byvejen**, auf der Sie bis zur Kirche in Kildebrønde fahren.

Kildebrønde (DK)

Vor der Kirche schwenken Sie nach rechts in die Straße **Bag Kirken** ~ dem Straßenverlauf nach links folgen ~ immer geradeaus, die Straße ist im weiteren Verlauf für den Kraftfahrzeugverkehr gesperrt ~ an der T-Kreuzung rechts ~ dann gleich wieder nach links in den ausgeschilderten Radweg ~ auf dem Radweg unterqueren Sie die **Autobahn** ~ Sie kommen am **Greve Sportzentrum** in **Hundige** vorbei ~ an der Hauptstraße wenden Sie sich nach rechts auf den Radweg ~ kurz vor der nächsten Ampel schwenkt der Radweg nach rechts von der Straße weg.

Sie unterqueren in einem Linksbogen die Straße ~ weiter auf dem Radweg längs eines Baches parallel zu einer Siedlung ~ über die Bahngleise ~ der Radweg schwenkt in einem Rechtsbogen in die Siedlung ~ an der nächsten Straße links ~ weiter geradeaus bis zur Ampel geregelten T-Kreuzung ~ hier wenden Sie sich nach links in den **Hundige Strandvejen** Richtung Kopenhagen.

Hundige

Tipp: Von Hundige bietet sich die Gelegenheit vom Rad auf die Bahn umzusteigen. Es sind knapp 20 S-Bahn-Minuten bis ins Zentrum von Kopenhagen.

Sie fahren weiter geradeaus auf dem **Hundige Strandvejen** ~ rechts in den **Jens Frobergsvej** ~ am Ende der Straße weiter geradeaus und dem Radweg folgen ~ am Hafen entlang ~ die Straße kreuzen und nach rechts ~ in der Rechtskurve nach links in den **Lyngstien** ~ am Wendekreis führt der Radweg nach links weiter ~ auf dem **Hjelmestien** am Strand entlang ~ vor dem **Arken Museum für Moderne Kunst** biegt der Radweg in einem Linksbogen

vom Strand ab ~ Sie fahren auf dem **Vallensbæk Havnevej** bis zum Abzweig **Nældestien**, geradeaus geht es nach Ishøj hinein.

Ishøj (DK)
PLZ: 2635

- **Tourist-Information**, Ishøj Store Torv 4, ✆ 43577257
- **Arken Museum für Moderne Kunst**, Skovvej 100, ✆ 57540222, ÖZ: Di, Do-So 10-17 Uhr, Mi 20-21 Uhr, dänische, nordische und internationale Kunst seit 1945, neben Kunstwerken der Malerei, Grafik und Skulptur auch Ausstellungen zu Musik, Tanz, Film und Bühnenkunst. Das Gebäude an sich ist ebenso interessant. Der Architekt Søren Robert Lund verlieh dem Gebäude die Form eines Schiffes bzw. einer Arche (Arken).
- **Thorsbro Wasserwerk** (1908), Allévej 27, ÖZ: im Sommer Di 18-20 Uhr, So 13-16 Uhr. Das interessante Gebäude war bis 1985 in Betrieb, heute ist es als Museum eingerichtet.
- **Ishøj Kirke** (1100). Diese Kirche, eine typisch mittelalterliche Dorfkirche, birgt eine besondere Attraktion: die 1970 freigelegten glasierten mittelalterlichen Bodenfliesen. Sehenswert ist auch die geschnitzte Kanzel und die antike Glocke (1620).
- **Tierpark Ishøj** (Dyrepark Ishøj)
- **Park** mit Springbrunnen, Rosengarten und Eisbärenskulptur. Die Skulptur hat der Bildhauer Sven Bovin gestaltet. Jedes Jahr nach den Abiturprüfungen im Juni finden sich die Abiturienten im Park zum Tanz um den Eisbären ein.
- **Bauernhof Bredekærgård**. Der Bauernhof wird heute noch so bewirtschaftet wie zwischen 1930 und 1950. Alle hier gehaltenen Tiere gehören zu den vom Aussterben bedrohten Haustierrassen.
- **Strandpark Ishøj**
- **Schwimmbad** (Ishøj Svømmehal), Ishøjs Bycenter, ÖZ: Aug.-Juni.
- **Ishøj Cykelservice**, Bahnhof Ishøj, ✆ 43542097

Die erste nachgewiesene Besiedlung in Ishøj geht auf das Jahr 1688 zurück. Zahlreiche christliche Grabhügel in der näheren Umgebung verweisen jedoch auf eine noch ältere Vergangenheit der Stadt. Die Menschen lebten überwiegend vom Fischfang. Als die

Süßwasserseen verlandeten und moorig wurden, fuhren die Fischer zum Fischfang aufs Meer hinaus.

Der Strandpark Ishøj ist eines der größten Eindämmungsprojekte Nordeuropas. Durch die Maßnahmen ist ein großes Erholungsgebiet mit Badestränden, Wander- und Radwegen entstanden.

Ishøj ist in den letzten 25 Jahren stark gewachsen – die Einwohnerzahl stieg von 3.000 auf 21.000. Der Zuwachs hängt mit der Nähe zur Hauptstadt – Kopenhagen ist lediglich 15 Kilometer entfernt – und mit der Entwicklung der Stadt zu einem interessanten Touristenort zusammen.

Von Ishøj nach Kopenhagen 21,5 km

Sie wenden sich nach rechts an der Schranke vorbei in den **Nældestien** ~ geradeaus weiter auf dem **Sivstien** bis Brøndby Strand.

Brøndby Strand

Sie passieren eine **Holzabsperrung** ~ erst rechts und gleich wieder links ~ Sie überqueren einen **Parkplatz** ~ vor dem Strand schwenken Sie nach links ~ an einer Gruppe von **Findlingen** vorbei und weiter parallel zum Brøndby Strand auf dem **Sivstien**.

Fuß- und Radweg bei Brøndby Strand

Tipp: ⚠ Sie stoßen an den **Autobahnzubringer** zur **Øresundsbrücke**, geradeaus vor Ihnen liegt die Autobahnauffahrt. Ab hier folgen Sie der Nationalroute 6.

Sie überqueren die Straße ~ nach rechts und gleich links in den Weg, der **parallel zur Autobahn** führt ~ in einem Rechts-Links-Schwenk unterqueren Sie die Autobahn ~ an der T-Kreuzung vor dem Graben nach rechts ~ bei der folgenden T-Kreuzung erneut rechts ~ abermals unter der Autobahn hindurch ~ danach wenden Sie sich nach links ~ parallel zur Autobahn geht es über die **Kalvebod Broen** weiter ~ der Weg führt von der Autobahn weg ~ beim nächsten Abzweig halten Sie sich links, Sie befinden sich nun im **Naturschutzgebiet Jægersborg Statskov Distrikt**.

Jægersborg Statskov

Auf dem **Birkedamsvej** weiter ~ Sie biegen rechts in den **Kalvebods Sti** ab ~ an der nächsten Kreuzung nehmen Sie den **Kanonvej** nach links.

Tipp: Geradeaus weiter gelangen Sie zum **Naturcenter Vestamager**, wo Sie Informationen zur Umweltpädagogik erhalten und ein WC finden.

Sie folgen dem **Kanonvej** bis Sie das Naturschutzgebiet am **Bella Center** durch ein **Holzgatter** wieder verlassen ~ geradeaus über den Parkplatz ~ an der Querstraße rechts und gleich wieder links ~ Sie fahren auf dem linksseitigen Radweg vor bis zur **Vejlands Allé** und überqueren die Straße bei der Jugendherberge.

Jugendherberge Kopenhagen Amager

Sie fahren direkt geradeaus auf die **Jugendherberge** zu ~ kurz vorher biegen Sie von dem Plattenweg nach rechts in den unbefestigten Weg ab ~ es geht bergab über eine **Holzbrücke**.

Am folgenden Abzweig nehmen Sie den Weg nach links ~ nun länger geradeaus ~ der Weg schwenkt in einer weiten Kurve nach links,

parallel verläuft eine **U-Bahnlinie** ~ am Ørestads Boulevard links ~ am Kreisverkehr geradeaus ~ links in die **Njalsgade** ~ rechts in den **Artillerivej** auf dem Radweg bis zum **Amager Boulevard** ~ Sie überqueren die **Langebro** ~ auf dem **Hans Christian Andersens Boulevard** bis zum **Rathaus von Kopenhagen**, dem Ziel des Radfernweges Berlin-Kopenhagen, rechts liegt die **Altstadt** und **Schloss Christiansborg**.

Tipp: Wenn Sie zum Bahnhof und zur Tourist-Information wollen, dann biegen Sie vor dem Tivoli nach links ab.

Links in die **Tietgens Gade** ~ rechts in die **Bernstorffgade** ~ der Hauptbahnhof von Kopenhagen befindet sich auf der linken Seite, die Tourist-Information weiter die Straße entlang auf der rechten Seite.

København/Kopenhagen (DK)

PLZ: 1577

- **Tourist-Information**, Bernstorffsgaden 1, ✆ 70222442
- **Meet the Danes**, Nyhavn 65, ✆ 33464646
- **Arbeitermuseum** (Arbejdermuseet), Rømersgaden 22, ✆ 3393 3388, ÖZ: Juli-Okt., tägl. 10-16 Uhr, Nov.-Juni, Mo geschlossen. Die Kultur und Geschichte der dänischen Arbeiterklasse seit 1850.
- **Charlottenborg** (Charlottenborg Udstillingsbygning), Nyhavn 2, ✆ 33134022, ÖZ: 10-17 Uhr, Mi 10-19 Uhr, internationale und dänische Moderne Kunst.
- **Dänisches Filmmuseum** (Det Danske Filminstitut, Museum & Kinemathek), Gothersgaden 55, ✆ 33743400, ÖZ Filmhaus: Di-Fr 9.30-22 Uhr, Sa, So 13.30-22 Uhr, tägl. Filmvorführungen.
- **Sammlung David** (Davids Samling), Kronprinsessegaden 30, ✆ 33734949, ÖZ: Di-So 13-16 Uhr.
- **Freiheitsmuseum** (Frihedsmuseet), Churchillparken, ✆ 33137714, ÖZ: Mai-15. Sept., Di-Sa 10-16 Uhr, So 10-17 Uhr, 16. Sept.-April, Di-Sa 11-15 Uhr, So 11-16 Uhr. Thema: Dänischer Wiederstand zwischen 1940 und 1945.
- **Sammlung Hirschsprung** (Hirschsprungske Samling), Stockholmsgaden 20, ✆ 3542 0336, ÖZ: Do-Mo 11-16 Uhr, Mi 11-21 Uhr, Malereien, Skulpturen, Zeichnungen und Möbel vom 19. und Anfang des 20. Jhs.
- **Louis Tussaud's Wachs Museum** (Wax Museum), H. C. Andersen Boulevard 22, ÖZ: Ende April-Mitte Sept., tägl. 10-23

Schloss Amalienborg

Uhr, Rest des Jahres 10-18 Uhr. Zu sehen sind Wachsnachbildungen berühmter Persönlichkeiten — wie im gleichnamigen Londoner Museum.
- **Königlicher Hofstall** (Kongelige Stalde og Kareter), Christiansborg Ridebane 12, ✆ 33401010, ÖZ: Mai-Sept., Fr-So 14-16 Uhr, Okt.-April, Sa, So 14-16 Uhr. Kutschensammlung.
- **Kunstverein** (Kunstforeningen), Gammel Strand 48, ✆ 33360260, ÖZ: Di-So/Fei 11-17 Uhr, kunstgeschichtliche und andere Sonderausstellungen.
- **Kunstindustriemuseum** (Kunstindustrimuseet), Bredgade 68, ✆ 33149452, ÖZ: Ausstellung Mittelalter bis 1800: Di-Fr 13-16 Uhr, Sa, So 12-16 Uhr, ÖZ: Ausstellung 1800 bis Gegenwart: Di-Fr 10-16 Uhr, Sa, So 12-16 Uhr. Gezeigt werden dänisches und ausländisches Kunstgewerbe sowie Design vom Mittelalter bis zur Gegenwart.
- **Stadtmuseum Kopenhagen** (Bymuseum), Vesterbrogade 59, ✆ 33210772, ÖZ: Mai-Sept., 10-16 Uhr, Okt.-April, 13-16 Uhr. Thema: Geschichte Kopenhagens anhand von Gemälden, Modellen und Ausstellungsstücken, Dia-Show.

🏛 **Musikhistorisches Museum** (Musikhistorisk Museum), Åbenrå 30, ✆ 33112726, ÖZ: Okt.-April, Mo, Mi, Sa, So 13-15.50 Uhr, Mai-Sept., tägl. außer Do 13-15.50 Uhr.

🏛 **Nationalmuseum**, Ny Vestergaden 10, ✆ 33134411, ÖZ: Di-So 10-17 Uhr, Mi 10-20 Uhr, königl. Münz- und Medaillensammlung, Antik- und ethnografische Sammlung und dänische Sammlungen der Steinzeit bis zur Neuzeit (1660-1830).

🏛 **Ausstellungs und Kunsthalle Nikolaj** (Udstillingsbygning), Nikolaj Plads, ✆ 33931626, ÖZ: tägl. 10-17 Uhr. In dem beeindruckenden Kirchengebäude wird vorwiegend dänische und internationale Gegenwartskunst gezeigt.

🏛 **Neue Carlsberg Glyptothek** (Ny Carlsberg Glyptotek), Dantes Plads 7, ✆ 33418131, ÖZ: Di-So 10-16 Uhr. Die Glyptothek besitzt griechische, etruskische, römische und ägyptische Sammlungen, Malereien und Skulpturen französischer Impressionisten und dänischer Romantiker des 19. u. 20. Jhs.

Schloss Christiansborg

🏛 **Schloss Rosenborg**, Øster Voldgaden 4A, ✆ 33153286, ÖZ: Jan.-April, Di-So 11-14 Uhr, Mai-Juni, tägl. 10-16 Uhr, Juli-Sept., tägl. 10-17 Uhr, Okt., tägl. 11-15 Uhr, Nov.-Mitte Dez., Di-So 11-14 Uhr, Schätze und Kronjuwelen der Dänischen Königsfamilie (15. Jh.-19. Jh.) und Mobiliar (1606-33).

🏛 **Dänische Nationalgalerie** (Statens Museum for Kunst), Sølvgaden 48-50, ✆ 33748494, ÖZ: Di, Do-So 10-17 Uhr, Mi 10-20 Uhr. Themen: Kunst vom 14. Jh. bis heute, Malereien, Zeichnungen, Skulpturen, Installationen u. a. von dänischen und von international bekannten Künstlern, wie Matisse, Kirkeby, Rembrandt. Außerdem: spezielles Kindermuseum mit kindgerechten Aktionen.

🏛 **Theatermuseum** (Teatermuseet), Christiansborg Ridebane 18, ✆ 33115176, ÖZ: Sa, So 12-16 Uhr, Mi 14-16 Uhr. Thema: Geschichte des dänischen Theaters vom 18. Jh. bis heute. Das Museum ist im alten Hoftheater (1767) untergebracht.

🏛 **Thorvaldsen Museum**, Porthusgaden 2, ✆ 33321532, ÖZ: Di-So 10-17 Uhr, Skulpturen und gesammelte Werke von Thorvaldsen.

🏛 **Tabakmuseum** (Tobaksmuseet), Amagertorv 9 (Strøget), ✆ 33122050. ÖZ: Mo-Fr 10-18 Uhr, Sa 10-16 Uhr. Aus aller Welt kommen hier die Schätze rund um den blauen Dunst: Tabaktöpfe, Schnupftabakdosen, Raritäten, Pfeifen, etc.

🏛 **Ripley's believe it or not**, Rådhuspladsen 57. Das skurrilste Museum der Stadt. Es werden unglaubliche Dinge und Dokumentationen gezeigt, die man den Museumsleitern glauben kann oder nicht: Schrumpfköpfe, ein Kalb mit sechs Beinen, eine Besteigung der Niagara-Fälle, etc.

🏛 **Königl. Dänisches Zeughausmuseum** (Tøjhusmuseet), Tøjhusgaden 3, ✆ 33116037, ÖZ: Di-So 12-16 Uhr. Im 400 Jahre alten Zeughaus-Gebäude werden Waffen und Rüstungen ausgestellt.

⛪ **St. Petri Kirche** (1304). Die älteste Kirche der Stadt diente im 16. Jh. als Kanonengießerei.

⛪ **Trinitatis Kirche**. Im Gebäude ist die königl. Bibliothek untergebracht. Der Turm, 35 m hoch und damit beliebter Aussichtsturm, wurde früher für astronomische Beobachtungen genutzt.

⛪ **Erlöserkirche**. Der Aussichtsturm dieser Kirche ist 90 m hoch – die letzten Stufen muss man auf einer schwindelerregenden Wendeltreppe zurücklegen.

⛪ **Schloss Amalienborg**, Christian VIII's Palæ, ✆ 33122186, ÖZ: Nov.-April, Di-So 11-16 Uhr, Mai-Okt., tägl. 10-16 Uhr, Besichtigung einiger Privaträume aus der Zeit von 1863-1972, Wachablösung auf dem Schlossplatz: tägl. 12 Uhr. Das Schloss ist der Wohnsitz der dänischen Königlichen Familie.

Søren-Kierkegaard-Platz

- **Christian VII's Palais**, Amalienborg, ✆ 33926491, ÖZ: Juli, 13.-21. Okt., tägl. 10-16 Uhr.
- **Schloss Christiansborg**, Christiansborg Slotsplads, auf der Insel Slotsholmen, ✆ 33926492, ÖZ: Ruinen unter dem Schloss: Jan.-April, Okt.-Dez., Di, Do, Sa, So 9.30-15.30 Uhr, Mai-Sept., tägl. 9.30-15.30, ÖZ: königl. Empfangsräume: Juli-Aug., Führungen tägl. 13 u. 15 Uhr. In dem größten der Kopenhagener Schlösser hat das dänische Parlament seinen Sitz.
- **Rathaus**, Rådhuspladsen, Turmbesteigung. Am Haupteingang des Gebäudes befindet sich eine sehenswerte astronomische Uhr.
- Die **Alte Börse** gilt bei einigen als das schönste Gebäude der Stadt. Es beherbergt heute die Handelskammer.
- **Kastell** (17. Jh.). Die Reste der Stadtbefestigung sind in einer Grünanlage zu besichtigen.

- Die **Kleine Meerjungfrau** (Den lille Havfrue) ist das Wahrzeichen Kopenhagens. Der Künstler Edvard Erichsen schuf 1913 diese relativ kleine Skulptur nach dem gleichnamigen Märchen des dänischen Dichters Hans Christian Andersen.
- **Tivoli**, am Hauptbahnhof. In dem weltberühmten Vergnügungspark werden auch Konzerte gegeben.
- Der Stadtteil **Christianshavn** wird aufgrund der schönen Häuser und einiger Kanäle auch als „Klein-Amsterdam" bezeichnet.
- **Christiania** gehört mit Sicherheit zu den interessantesten Stadtteilen Kopenhagens und ist auf eine ganz besondere Art ein Aushängeschild der Stadt. 1971 wurde der „Freistaat Christiania" als soziales Experiment gegründet und bekam 1986 einen begrenzten legalen Status. Kein „normaler" Stadtteil eben sondern ein interessantes Zeugnis der Off-Kultur: es gibt keine Autos, sehr viele Tiere und der Drogenhandel wird offener gehandhabt. Die berühmten Christiania Lastendreiräder werden hier produziert.
- **Planetarium und Omnimaxtheater** (Tycho Brahe Planetarium), Gl. Kongevej 10, ✆ 33121224, ÖZ: Di-Do 9.45-21 Uhr, Fr-Mo 10.30-21, Omnimaxfilmvorführungen, Ausstellungen zu Astronomie und Raumfahrt.
- **Flohmärkte**: Mai-Okt., Sa 7-14 Uhr auf dem Israels Plads und am Gammel Strand.
- **Københavns Hovedbanegård**, Cykel Center, ✆ 338613
- **Østerport Station**, Cykel Center, ✆ 33338513

Erstmalig erwähnt wird Kopenhagen im 11. Jahrhundert als Havn (Hafen). Der kleine Fischerort entwickelte sich zunehmend zu einem bedeutenden Handelsplatz. Im Schutze der befestigten Burg, die der Bischof von Absalon Ende des 12. Jahrhunderts errichten ließ, wuchs der Ort zu einer florierenden Handelsstadt, die 1254 das Stadtrecht verliehen bekam. Die vielen Kaufleute (dän. Købmand), die hier mit ihren Waren handelten, gaben der Stadt schließlich ihren Namen – Købmandshavn.

Unter König Erik VII. von Pommern wurde Kopenhagen im Jahre 1416 Hauptstadt Dä-

Tivoli – Haupteingang

nemarks. Im 16./17. Jahrhundert erlebte die Stadt eine weitere Blütezeit. König Christian IV. vergrößerte sie drastisch. Prachtbauten wie der Runde Turm, einige Schlösser und die einzigartige Warenbörse wurden während seiner Amtszeit erbaut – Kopenhagen entwickelte sich zu einem bedeutenden kulturellen und wirtschaftlichen Zentrum Skandinaviens.

Mit dem Eintritt in den 30-jährigen Krieg und dem Scheitern der dänischen Armee, verlor Dänemark große Gebiete unter anderem an Schweden. Es herrschte Hunger und Armut. Das Dänische Königsreich büßte in den folgenden Jahrhunderten weitere Teile seines Territoriums ein, sodass Kopenhagen, einst auch geographisches Zentrum des Königreiches, nun bald nahe der dänischen Grenze lag.

Einen wirtschaftlichen und politischen Aufschwung erlebte das Land und die Stadt Kopenhagen im Jahr 1830 mit der Einführung der demokratischen Ständeversammlung. Damit begann auch eine Blütezeit für Kunst, Kultur und Literatur. Mit Beginn der Industrialisierung setzte endgültig der wirtschaftliche Aufschwung ein und der Staat

Altstadtflair

wurde Ende des 19. Jahrhunderts zu einem Sozialstaat umgewandelt.

Kopenhagen ist eine kulturell interessante europäische Großstadt und die wichtigste Handels- und Industriestadt Dänemarks. Sie hat ihre Bedeutung als Drehscheibe Skandinaviens mit der Eröffnung der Øresundbrücke weiter gefestigt.

Touristenmagnete dieser lebendigen Metropole sind neben der historischen Altstadt und dem Tivoli – dem Herz der Stadt – der Nyhavn, wo sich ein Restaurant an das andere reiht. Kunstinteressierte werden vom Stadtteil Frederikstaden angezogen, der als die stilreinste Rokokoanlage Europas angesehen wird. Nicht weit von hier finden Sie den Wohnsitz der Königsfamilie, Schloss Amalienborg, wo Scharen von Touristen pünktlich um 12 Uhr die Wachablösung beobachten.

Und von beinahe jedem Touristen fotografiert wird das wohl bekannteste Wahrzeichen Kopenhagens: Die kleine Meerjungfrau.

Sie haben nun das Ende Ihrer Radreise erreicht. Wir hoffen, Sie hatten einen erlebnisreichen und interessanten Radurlaub und freuen uns, dass Sie ein *bikeline*-Radtourenbuch als Begleiter gewählt haben.

Das gesamte *bikeline*-Team wünscht Ihnen eine gute Heimreise!

Übernachtungsverzeichnis

Bett & Bike

Alle mit dem Bett&Bike-Logo gekennzeichneten Betriebe sind fahrradfreundliche Gastbetriebe und Mitglieder beim ADFC-Projekt „Bett&Bike". Sie erfüllen die vom ADFC vorgeschriebenen Mindestkriterien und bieten darüber hinaus so manche Annehmlichkeit für Radfahrer. Detaillierte Informationen finden Sie in den ausführlichen Bett&Bike-Verzeichnissen – diese erhalten Sie überall, wo's *bikeline* gibt.

Dieses Verzeichnis beinhaltet folgende Übernachtungskategorien:
- H   Hotel
- Hg   Hotel garni
- Gh   Gasthof, Gasthaus
- P   Pension, Gästehaus
- Pz   Privatzimmer
- BB   Bed and Breakfast
- Fw   Ferienwohnung (Auswahl)
- Bh   Bauernhof
- Hh   Heuhotel
- ⌂   Jugendherberge, -gästehaus
- ⌂   Campingplatz
- △   Zeltplatz, Naturlagerplätze

Die Auflistung erhebt keinen Anspruch auf Vollständigkeit und stellt keine Empfehlung der einzelnen Betriebe dar.

Die römische Zahl (I–VII) nach der Telefonnummer gibt die Preisgruppe des betreffenden Betriebes an. Folgende Unterteilung liegt der Zuordnung zugrunde:

1 € = 7,10 DKK

I	unter € 15,– / unter DKK 106,–
II	€ 15,– bis € 23,– / DKK 106,– bis 163,–
III	€ 23,– bis € 30,– / DKK 163,– bis 212,–
IV	€ 30,– bis € 35,– / DKK 212,– bis 248,–
V	€ 35,– bis € 50,– / DKK 248,– bis 354,–
VI	€ 50,– bis € 70,– / DKK 354,– bis 496,–
VII	über € 70,– / über DKK 496,–

Die Preisgruppen beziehen sich auf den Preis pro Person in einem Doppelzimmer mit Dusche oder Bad inkl. Frühstück. Übernachtungsbetriebe mit Zimmern ohne Bad oder Dusche, aber mit Etagenbad, sind durch das Symbol ⌂ nach der Preisgruppe gekennzeichnet.

Da wir das Verzeichnis stets erweitern, sind wir für Ihre Anregungen dankbar. Der einfache Eintrag erfolgt für die Betriebe natürlich kostenfrei. Da es sowohl in Berlin als auch in Kopenhagen sehr viele Übernachtungsmöglichkeiten gibt und wir aus Platzgründen nicht alle Betriebe in unser Verzeichnis aufnehmen können, finden Sie bei beiden Städten unter dem Ortsbalken Angaben zu Buchungsservice-Stellen, welche vom Hotel bis zum Privatzimmer in verschieden Preiskategorien Angebote für Sie bereithalten.

Berlin
PLZ: 10785; Vorwahl: 030

🛈 Berlin Tourismus Marketing GmbH, Am Karlsbad 11, 10785 Berlin, ☎ 250025 u. 0190/016316, Fax: 25002424, Online-Buchung: www.berlin-tourism.de

Hg Hotel Pension Kastanienhof, 10119; Kastanienallee 65, ☎ 44305-0, V-VI

BB Bed&Breakfast, 10437, Ahlbecker Str. 3, ☎ 44050582

Gästehäuser
der Berliner Stadtmission

- mitten in Berlin
- nahe Hauptbhf u. Radfernweg
- abschließbarer Fahrradraum
- idealer Start für Fahrradtouren
- Mehrbett ab 21 €/DZ ab 36 € inkl. Frühstücksbuffet

www.jgh-lehrter-strasse.de
Reservierungen:
0049 30 39835-011

BB Bed&Breakfast, 10961, Mehringdamm 66, ☏ 78913971
Pz Zimmervermittlung Dentler, ☏ 56555111
Heart of Gold Hostel Berlin, 10117, Johannisstr. 11, ☏ 29003300
The Sunflower Hostel, 10243, Helsingforser Str. 17, ☏ 44044250
HOTEL4YOUth, 10439, Schönhauser Allee 103, ☏ 4467783
Mittes Backpacker Hostel, 10115, Chausseestr. 102, ☏ 28390965
baxpax downtown Hostel Hotel, 10117, Ziegelstr. 28, ☏ 27874880
Fw Villa-Seepark, 10318, Stechlinstr. 11, ☏ 5098563, III-V
Pz Bungalow Bootshaus Heyer, 13505, Friederikestr. 23, ☏ 4311223, auf Anfrage, I
GH Gästehäuser der Berliner Stadtmission, 10557, Lehrter Str. 68, ☏ 39835011, III-V
Zentralreservierung für Jugendherbergen, ☏ 2623024

Hennigsdorf
PLZ: 16761; Vorwahl: 03302
Stadtinformation, Rathauspl. 1, ☏ 877320
H Mercure, Fontanestr. 110, ☏ 8750, III-VII

Hohenschöpping
PLZ: 16727; Vorwahl: 03304

H Hotel Hohenschöpping, Hohenschöpping 2, ☏ 32151, III
Pz Zum weißen Schwan, Straße zum weißen Schwan, ☏ 502483, II

Hohen Neuendorf
PLZ: 16540; Vorwahl: 03303
H BioHotel Am Lunik Park, Stolper Str. 8, ☏ 2910, V
H Zum Grünen Turm, Oranienburger Str. 58, ☏ 501669, IV
P Märchenhaus, Florastr. 13, ☏ 505005, V
P Strammer Max, Schönfließer Str. 16, ☏ 405050

Birkenwerder
PLZ: 16547; Vorwahl: 03303
H Andersen Hotel Birkenwerder, C.-Zetkin-Str. 11, ☏ 29460, IV-V
P Birkenhof, C.-Zetkin-Str. 12, ☏ 402847, I-II
Pz Diekmann, Kleiststr. 14, ☏ 401375, I-II
Pz und Fw Jahnke, Kleiststr. 3, ☏ 501021, I-II

Lehnitz
PLZ: 16565; Vorwahl: 03301
Pz Tilahun, Magnus-Hischfeld-Str.19, ☏ 209974, II
Fw Liebe, Neptunstr. 9, ☏ 3446, II

Oranienburg
PLZ: 16515; Vorwahl: 03301
Touristinformation Oranienburg und Umland e. V., Bernauer Str. 52, ☏ 704833, Buchungsservice
H Stadthotel Oranienburg, André-Pican-Str. 23, ☏ 690-0, V

H An der Havel, Albert-Buchmann-Str. 1, ☏ 692-0, V
H Ruperti, Waldstr. 14, ☏ 201124, V
Gh Oranjehus, C.-Zetkin-Str. 31, ☏ 701244, V
P Waldhaus am Lehnitzsee, Bernauer Str. 147, ☏ 578998, III
P Silvia, Berliner Str. 254, ☏ 67100, V
P Nöske, Karlstr. 9, ☏ 56588, II
Pz Kliem, Röntgenstr. 2a, ☏ 532176, II
Pz Lemke, Röntgenstr. 13, ☏ 582486, I
Pz Standt, Goethestr. 33a, ☏ 530963, II
Pz Zerfowski, Pasteurstr. 15, ☏ 701737, II

Malz
P Zum Anker, Dorfstr. 31, ☏ 807374, II

Liebenwalde
PLZ: 16559; Vorwahl: 033054
Liebenwalder Tourismusverein e.V., Marktpl. 20, ☏ 8055-0
Pz Heinrich, Seepromenade 7, ☏ 60352, II
Pz Rehfeldt, Seepromenade 4, ☏ 0173/9869224,
Pz Rückert, Seepromenade 19, ☏ 61371, II

Bischofswerder
H Preußischer Hof, Bischofswerder Weg 12, ☏ 870, V-VI

Hammer
P Herberge Bohm, Eberswalder Str. 25, ☏ 60540

Kreuzbruch
Fh Verworn, Kreuzbrucher Str. 14, ☏ 62322, II-III

Neuholland
Gh Sperberhof Gottemeier, Sperberhof 43d,
  ✆ 60133, III
Fw Schultz, Hamburger Chaussee 23a, ✆ 62749, II-III
Fw Ponyhof Steinbach, Nassenheidener Chaussee
  27, ✆ 61029

Löwenberger Land - Falkenthal
PLZ: 16775; Vorwahl: 033394
Bh Hof Landlust, Ausbau 7, ✆ 285

Zehdenick
PLZ: 16792; Vorwahl: 03307
ℹ Tourist-Information, Schleusenstr. 22, ✆ 2877
H Klement, Berliner Str. 29, ✆ 310081, III

Alter Hafen Gasthaus & Pension Direkt am
Ziegelei 1 · D 16792 Zehdenick   Radweg :)
+49(0)3307-301870
www.gasthaus-alter-hafen.de   im
täglich 8 bis 24 Uhr   Ziegeleipark!

Gh Haus Vaterland, Berliner Str. 31, ✆ 2219, III
Gh Zum neuen Heidekrug, Fr.-Engels-Str. 17,
  ✆ 2767, III
Gh Alter Hafen, Ziegelei 11, ✆ 301870
P Am Stadtpark, Grünstreifen 19, ✆ 3016200, III
P Havelschloss, Schleusenstr. 15, ✆ 4208-02, -1, V
Fw Wolfs Revier, Mildenberger Dorfstr. 62,
  ✆ 420899, II
🏠 Jugendherberge Am Dock,Schmelzstr.
  9,✆ 316733
⛺ Wasserwanderrastplatz - Wasserfreizeit
  Klienitz,Schleusenstr. 11,✆ 3029525

Gransee
PLZ: 16775; Vorwahl: 03306
ℹ Tourist-Information im Heimatmuseum, Rudolf-
  Breitscheid-Str. 44, ✆ 21606
H Raststätte, Strelitzer Str. 13, ✆ 79760, III
P Klosterstuben, Nagelstraße/Ecke Klosterstraße,
  ✆ 213636, III
P Lindenhof, Templiner Str. 29, ✆ 202056, II
P Ziethmann, Wendefelder Weg 15, ✆ 2259, II

Wendefeld
P Gutschänke, Wendefeld 1, ✆ 28178, II

Mildenberg
PLZ: 16792; Vorwahl: 03307
ℹ Tourist-Information, Schleusenstr. 22, ✆ 2877
P Alter Hafen Ziegeleipark Mildenberg, Ziegelei 11,

  ✆ 301870, III
P Wallpoint, Am Welsengraben 5, ✆ 420800, II
⛺ Campingplatz Marina und Yachtcharter im
  Ziegeleipark, Ziegelei 11, ✆ 420504
⛺ Wasserwanderrastplatz Wallapoint, Am Welsen-
  graben 5, ✆ 420800

Burgwall
PLZ: 16792; Vorwahl: 033080
Gh Zur Fähre, Havelstr. 50, ✆ 60244, II-III
Pz Hippocampus Reit- und Ferienhof, Marienthaler
  Str. 17, ✆ 40994, I
⛺ Wasserwanderrastplatz Zur Fähre, Havelstr. 50,
  ✆ 60244

Tornow
PLZ: 16775; Vorwahl: 33080
🏠 Schloss Tornow Ökowerk Brandenburg e. V.,
  ✆ 60501, II
⛺ Campingplatz Am Wentowsee, Ringslebener Str.
  1, ✆ 60420

Wentow
PLZ: 16792; Vorwahl: 033080
🏠 Jugendbegegnungsstätte Wentow am See, Za-
  belsdorfer Str. 6, ✆ 60795, I-II

Seilershof
PLZ: 16792; Vorwahl: 033085
Fw Privatzimmer Herzog-Schlagk, Seestr. 12,
  ✆ 030/3622882

⛺ Campingplatz Seeblick, Am Kleinen Wentowsee,
  ✆ 70311

Zernikow
PLZ: 16775; Vorwahl: 033082
Pz Gut Zernikow, Zernickower Dorfstr. 43, ✆ 51288,
  II-III

Menz
PLZ: 16775; Vorwahl: 033082
ℹ NaturParkHaus, Kirchstr. 4, ✆ 51210
P Zum Roofensee, Rheinsberger Str. 2, ✆ 6880, III
P Waldpension Vier Jahreszeiten, Neuglobsower Str.
  19, ✆ 50368, II

Rheinsberg
PLZ: 16831; Vorwahl: 033931
ℹ Tourist-Information Rheinsberg, Markt/
  Kavalierhaus, ✆ 2059
H Der Seehof Rheinsberg, Seestr. 18, ✆ 4030, V-VI
H Haus Rheinsberg, Donnersmarckweg 1, ✆ 344-0,
  VI-VII
H IFA-Hotel Hafendorf, Hafendorfstr. 1, ✆ 8000, VII
H Schloß-Hotel, Seestr. 13, ✆ 39059, VI
Gh Fleischerei Endler, Mühlenstr. 14, ✆ 2079, III-V
Gh Zum Jungen Fritz, Schlossstr. 8, ✆ 4090, IV-V
P Am Rheinsberger Schlosspark, Fontanepl. 2a,
  ✆ 39271, IV-V
P Holländer Mühle, Schwanower Str. 1, ✆ 2332, III-IV
P Elfmeter, Menzer Landstr. 21, ✆ 2264 od. 80570, III

P Zum Rheinsberger Leuchtturm, Schwanower Str. 20, ☎ 43890, III-IV
P Zu den vier Jahreszeiten, Rhinstr. 4, ☎ 2424, III
P Hofgarten, Menzer Str. 6, ☎ 2753, II-III
Pz Adam, Uferweg 10, ☎ 37779, I
Pz Hirche, Lindenallee 60, ☎ 2518, I

Kleinzerlang
PLZ: 16831; Vorwahl: 033921
H Lindengarten, Dorfstr. 33, ☎ 7680, III-V
H Marina Wolfsbruch, Im Wolfsbruch 3, ☎ 87, V-VI

Zechlinerhütte
PLZ: 16831; Vorwahl: 033931
H Haus am See, Zechliner Str. 5, ☎ 7690, III-IV
P Hüttensee, Aug.-Bebel-Pl. 1, ☎ 70344, III
Pz Tietz, Winkelstr. 10, ☎ 70641, I
🛌 Jugendherberge Prebelow, Prebelow 2, ☎ 70222 (2 km entfernt)
⛺ Naturcamp, Am Bikowsee 3, ☎ 70243
⛺ Berner Land, Am Bikowsee 4, ☎ 70283

Dannenwalde
🛌 Naturfreundehaus Schloß Dannenwalde, Infos unter 0331/5058249, I 🛏

Bredereiche
PLZ: 16798; Vorwahl: 033087
ℹ Tourismusverein „Fürstenberger Seenland" e. V. Fürstenberg/Havel, Markt 5, ☎ 033093/32254
H Herm, Dorfstr. 77, ☎ 52347

P Bootshaus Bandelow, Dorfstr. 8, ☎ 52310, I 🛏
Pz Firmont, Regelsdorfer Str. 7, ☎ 52261, I
Pz Hoff, Schwarzer Weg 1, ☎ 2305

Boltenhof
P Gut Boltenhof, Lindenallee 14, ☎ 52520, III-IV 🛏

Himmelpfort
PLZ: 16798; Vorwahl: 033089
ℹ Tourismusverein „Fürstenberger Seenland" e. V. Fürstenberg/Havel, Markt 5, ☎ 033093/32254
H Müllerbeek,Klosterstr. 12b,☎ 43035,II-III 🛏
H Körner, Hausseestr. 15, ☎ 41219
Gh Himmelpfort am See, Eichberg 10, ☎ 4400
P Heideröslein, Poststr. 16, ☎ 4420
Pz Galle, Klosterstr. 5, ☎ 41364, I-II
Pz Mohr, Klosterstr. 14, ☎ 41235, I
Pz Schley, Hausseestr. 10, ☎ 41358
Fw Boekels-Schmidt, Klosterstr. 16, ☎ 71371, II (o. Frühst.)
Fw Bühring, Stolpseestr. 12, ☎ 41212, II-III (o.Frühst.)
Fw J. Gericke, Eichberg 8, ☎ 43094, I (o. Frühst.)
Fw K.H. Gericke, Fürstenberger Str. 3, ☎ 41304, I (o.Frühst.)
Fw M. Gericke, Eichberg 7, ☎ 41263, I (o. Frühst.)
Fw Westphal, Fürstenberger Str. 5a, ☎ 41269, I (o.Frühst.)
⛺ Campingplatz, Am Stolpsee 1, ☎ 41238 🛏

Fürstenberg/Havel
PLZ: 16798; Vorwahl: 033093

ℹ Tourismusverein „Fürstenberger Seenland" e. V., Markt 5, ☎ 32254
H Haus an der Havel, Schliemannstr. 6, ☎ 39069, III-VI
H Fürstenberger Freizeit-Hotel, Bornmühlen Str. 44, ☎ 37997, III
H Zur Alten Bornmühle, Zehdenicker Str. 21, ☎ 39012, III
H Seestern, Dorfstr. 26, ☎ 61957
Gh Zum Holzwurm, ☎ 61661
P Behrens, Forststr. 4, ☎ 37349, II
P Haus am See, Steinförder Str. 41, ☎ 60244, III
P Liesegang, Unter den Linden 45, ☎ 37316, II
P Tippelt, Goethestr. 3, ☎ 32007, II
Pz Gaumert, Schliemannstr. 18, ☎ 38131, I
Pz Gubitz, Dammstr. 3, ☎ 37074, I
Pz Haus Helga, Wallstr. 26, ☎ 32397, II
Pz Meyer, Fritz-Reuter-Str. 14, ☎ 38247, I-II
Pz Sorge, Dorfstr. 22, ☎ 38304, I
Fw Kriedemann, Dammstr. 8, ☎ 37043, I-II (o.Frühst.)
Fw Lorenz, Parkstr. 1, ☎ 32448, I (o.Frühst.)
Fw Mewes, Schliemannstr. 14, ☎ 37259, I (o.Frühst.)
Fw Stephan, Schützenstr. 1, ☎ 32651, II (o.Frühst.)
Fw Wein, Weidendamm 6, ☎ 61913, II (o.Frühst.)
Fw Wittke, Brandenburger Str. 38, ☎ 0172/3227421, II (o.Frühst.)
🛌 Jugendherberge Ravensbrück, Straße der Nationen 3, ☎ 60590 🛏

⛺ Am Röblinsee, Röblinsee Nord 1, ☎ 38278

Steinförde
Fh Gasthaus Haveleck, Steinerne Furth 10, ☎ 32193 🛏

Altglobsow
PLZ: 16775; Vorwahl: 033082
Pz Ferienhof Altglobsow, Seestr. 11b, ☎ 50250, I

Neuglobsow
PLZ: 16775; Vorwahl: 033082
ℹ Verkehrsverein Stechlin e. V., Stechlinseestr. 17, ☎ 70202
H Brandenburg, Stechlinseestr. 11, ☎ 656000, IV 🛏
Gh Luisenhof, Stechlinseestr. 8, ☎ 70386, III-V
P Fontanehaus, Fontanestr. 1, ☎ 6490, II-III 🛏
P Haus Gransee, Stechlinseestr. 14, ☎ 51411, II
P Wanderstützpunkt Humboldt, Zeltplatzweg 2, ☎ 70208, I
Pz Ahlrep, Dagowseestr. 23, ☎ 70431, II
Pz Formowitz, Stechlinseestr. 13b, ☎ 70395, II
Pz Seeblick, Dagowseestr. 24, ☎ 70436, II
Pz Hummel, Am Walde 4, ☎ 70318, I
⛺ Camping Stechlin-Touristik, Stechlinseestr. 15, ☎ 70397 od. 0172/7154087, I-III (Bungalows)

Strasen
PLZ: 17255; Vorwahl: 039832
ℹ Touristinformation Wesenberg, Burg 1, ☎ 20621
H Zum Löwen, Schleuseng. 11, ☎ 20285, III-IV

P Ferienpark am Ellbogensee, ☎ 259150, II-III
P Ferienhof Hagedorn, Dorfstr. 6, ☎ 20271, I-II
P Ferienpark Pelzkuhl, Am großen Pälitzsee,
☎ 21349, II-III
▲ Naturcamping am Großen Pällitzsee, Infos über Haveltourist-Campingpark Havelberge,
☎ 03981/24790

Priepert
Vorwahl: 039828;
P Havelbrücke, Priepert, ☎ 20448, III
▲ Campingplatz am Ziernsee, Infos über Haveltourist-Campingpark Havelberge, ☎ 03981/24790

Canow
PLZ: 17255; Vorwahl: 039828
H Ambiente, Canower Allee 21, ☎ 20053, III-IV
H Heidekrug, Grünplan, ☎ 600, V
P Zur Schleuse, Canower Allee 20, ☎ 20392, II-III
P Ferienpark Canow, direkt am Labussee, ☎ 20679
▲ Camping am Kleinen Pälitzsee, Am Canower See 165, ☎ 039232/20657
▲ Camp am Labussee, Mirower Landstr. 2,
☎ 20272

Drosedow
PLZ: 17255; Vorwahl: 039828
H Am Gobenowsee, Dorfstr., ☎ 20255
▲ FKK-Camping am Rätzsee, Infos über Haveltourist-Campingpark Havelberge, ☎ 03981/24790

Wesenberg
PLZ: 17255; Vorwahl: 039832
ℹ Touristinformation, Burg 1, ☎ 20621
H Romantik Hotel Borchard's Rookhus am See, Am Großen Labussee, ☎ 500, V-VII
H Borchards Radlhus, Mittelstr. 11, ☎ 26430, IV
P Ferienbungalow in Seewalde, Hauptstr. 3,
☎ 039828/20275, II-III
Pz Stöckel, Neustrelitzer Chaussee 2, ☎ 20241, II
Pz Wehden, Wustrower Ch. 2, ☎ 21280 od. 0162/205100, II
BB Unger, Bahnhofstraße 15, ☎ 20043, III
Bh Villa Pusteblume, Burgweg 5, ☎ 21305
Bh Spanka/Serjogin, Dorfstr. 29, ☎ 20074, II-III

Waltraud Stöckel

Neustrelitzer Chaussee 2
17255 Wesenberg
Tel.: 039832 / 202 41
Handy: 0160 / 663 00 62
www.angelurlaub.de

Bungalow pro Person € 15,-
auf Wunsch Frühstück
pro Person € 3,-

▲ Camping am Weißen See, Infos über Haveltourist-Campingpark Havelberge, ☎ 03981/24790
▲ Ihr Familienpark, Am kleinen Labussee, ☎ 20525

Johannesruh
H Johannesruh, Johannesruh 1, ☎ 039828/20226, II-III

Wustrow
P Ferienhausanlage „Plätlinseecamp", Fischerweg 10, ☎ 039922/2189 od. 039828/20241, II-III

Klein Quassow
PLZ: 17255; Vorwahl: 039832
H Labussee, ☎ 20488, III-IV

Groß Quassow
PLZ: 17255; Vorwahl: 03981
ℹ Touristinformation Neustrelitz, Strelitzer Str. 1,
☎ 03981/253-119
P Storchennest, ☎ 238551
▲ Campingplatz Havelberge, ☎ 24790

Neustrelitz
PLZ: 17235; Vorwahl: 03981
ℹ Touristinformation, Strelitzer Str. 1, ☎ 253-119
H Park Hotel Fasanerie, Karbe-Wagner-Str. 59,
☎ 48900, V
H Haegert, Zierker Str. 44, ☎ 200305, III-IV
H Schlossgarten, Tiergartenstr. 15, ☎ 24500, IV-V
H öko-hotel - basiskulturfabrik, Sandberg 3a,
☎ 203145, II-III

Hg Pinus, Ernst-Moritz-Arndt-Str. 55, ☎ 445350, III-IV
P Bootshaus, Useriner Str. 1, ☎ 239860, III
P China-Haus, Markt 6, ☎ 206421, II (o. Frühst.)
P Klaffke, Alte Mühlenstr. 14, ☎ 45930, III
P Luisenstube, Seestr. 8, ☎ 200777, II-III
Pz Gierke, Riefstahlstr. 15a, ☎ 443161, II
Pz Göcks, Sonnenweg 4, ☎ 443077, II
Pz Rose, Strelitzer Chaussee 271, ☎ 445455, I
Pz Heller, Wesenberger Str. 38, ☎ 214979, II
Pz Kniehs, Fürstenberger Str. 249, ☎ 440590, II
Pz Kukawka, Schlachthofstr. 1a, ☎ 202328, I
Pz Pustir, Wiesenweg 3, ☎ 440260, I
Pz Rahn, Lessingstr. 65, ☎ 444133, II

Prälank
H Landhotel am See, Kalkofen 4, ☎ 200910, IV-V

Zwenzow
PLZ: 17237; Vorwahl: 039832
Hg Villa Kunterbunt, Dorfstr. 1, ☎ 28100, V-VI

Blankenförde
PLZ: 17237; Vorwahl: 039829
P Fischerhaus, Am Görtowsee, ☎ 20212, III
Hh und Pz Radlerscheune Doß, Blankenförde 10a,
☎ 20481, I-II
▲ Campingplatz Zum Hexenwäldchen am Jamelsee, Dorfstr. 1a, ☎ 20215

Babke
PLZ: 17252; Vorwahl: 039829
Fh Ferienhäuser Freiraum, Dorfstr. 22-27, ✆ 22559, II-III

Kratzeburg
PLZ: 17237; Vorwahl: 039822
ℹ Fremdenverkehrsverein „Havelquellseen", Dorfstr. 24, ✆ 0700/38842835
Pz Alte Poststelle, Dorfstr. 24, ✆ 20322
Pz R´Adler Rast und Kanu-Hecht, Dalmsdorf Nr. 6, ✆ 20241, I-II
▲ Camping Naturfreund, Dorfstr. 3, ✆ 20285 od. 20253

Dalmsdorf
Pz Am Käbelicksee, Dorfstr. 21b, ✆ 20181, II

Granzin
Pz Geier, Granzin 21, ✆ 20257, II
Pz Haerer, Granzin 22a, ✆ 20340, II
Pz Töpferhof Steuer, Granzin 4, ✆ 20242, II-III

Ankershagen
PLZ: 17219; Vorwahl: 039921
P Pension & Restaurant Silberschälchen, Lindenallee 8, ✆ 3210, IV

Wendorf
PLZ: 17219; Vorwahl: 039921
H Gutshaus Schloß Wendorf, Schloßstr. 3, ✆ 3260, III-V

Freidorf
PLZ: 17219; Vorwahl: 039921
Bh Schulbauernhof Paradies, Dorfstr. 5, ✆ 35110

Waren (Müritz)
PLZ: 17192; Vorwahl: 03991
ℹ Waren (Müritz) Kur- und Tourismus GmbH, Neuer Markt 21, ✆ 666183
H Seminarhotel Haus Kölpinsee, Am Edenholz 23, ✆ 121369, IV
H am Müritz-Nationalpark, Specker Str. 71, ✆ 62190, IV-V
H Kleines Meer, Alter Markt 7, ✆ 6480, V-VI
H Für Dich, Papenbergstr. 51, ✆ 64450, IV-V
H Seehotel Ecktannen, Fontanestr. 51, ✆ 6290 od. 629206, V-VI
H Villa Margarete, Fontanestr. 11, ✆ 6250, V-VI
H Paulshöhe, Falkenhäger Weg, ✆ 17140, IV-V
H Wasserbettenhotel, Lange Str. 1, ✆ 181540, IV-VI
H Reschke, Am Tiefwarensee, ✆ 181540, IV-V
H Stadt Waren, Große Burgstr. 25, ✆ 62080, V
H Kegel, Große Wasserstr. 4, ✆ 62070, IV-V
H Goldene Kugel, Große Grüne Str. 16, ✆ 61380, V
H Ingeborg, Rosenthalstr. 5, ✆ 61300, IV-VI
H Am Yachthafen, Strandstr. 2, ✆ 67250, V-VI
H Am Weinbergschloss, Weinbergstr. 2, ✆ 187277, III
H Weit Meer, Am Seeufer 54, ✆ 666422, V-VII
H Amsee, Amsee 6, ✆ 67360, V

H Onkel Hermann, Gr. Wasserstr. 5, ✆ 674944, V
H Am Bahnhof, Bahnhofstr. 19, ✆ 731038, III
H Harmonie, Kietzstr. 16, ✆ 66950, V
H Am Tiefwarensee, Wossidlostr. 7, ✆ 7475100, V
Hg Haus Kim, Am Seeufer 75, ✆ 674540, V-VI
P Am Mühlenberg, Wossidlostr. 3a, ✆ 180240, IV
P Zum Yachthafen, Rosenthalstr. 13, ✆ 635783, IV
P Müritz, Strelitzer Str. 126, ✆ 64210, IV
P Warener Hof, Mühlenstr. 6, ✆ 122448, IV-V
P Mürzblick, Richterstr. 1, ✆ 67240, III
P Am Müritzhafen, Große G. 1, ✆ 731442, V
P Am Seeufer, Am Seeufer 54a, ✆ 666555, IV
P Sonnenhof, Fontanestr. 33, ✆ 64290, IV
P Zur Sonne, Mozartstr. 17, ✆ 747377, III-IV
P Christin, Rosenstr. 5, ✆ 4726571, IV
P Alte Warener Zeitung, Große Grüne Str. 11, ✆ 633717, V-VI
P Gästehaus Tina, Siedlungsweg 18, ✆ 663526, IV
P Zur Fledermaus, Am Teufelsbruch 1, ✆ 663293, II
Pz Hilbricht, Gr. Wasserstr. 18, ✆ 674539, II
Pz Haus Sandra, Kirchenstr. 24, ✆ 672426, III
Pz Quisdorf, Rosenthalstr. 11, ✆ 666524, II
Pz Tost, Federower Weg 25, ✆ 668401, II
Pz Asmus, Papenbergstr. 28, ✆ 664574, II
Pz Borries, Buchenweg 30, ✆ 731723, I
Pz Drell, Fischerstr. 21, ✆ 667674, II
Pz Fischer, Eldenholz 40, ✆ 120203, I
Pz Haus Müritzhöhe, Fontanestr. 10, ✆ 669190, II

Freiraum-Babke
Ursula Wolter-Cornell
Dorfstraße 22-27 • 17252 Babke
Tel.: 039829/22 559 Mobil: 015154851355
www.freiraum-babke.de
info@freiraum-babke.de

"Am Käbelicksee" - Zimmervermietung
Sabine Ammerschuber
Dalmsdorf 21 b
17237 Kratzeburg
Tel.: 039822-20181
Handy: 0162-2093126
ammerschuber@arcor.de
www.dalmsdorf-urlaub.de
EZ 20,- €,
DZ 35,- €,
Frühstück 3,50 € p.P.

Pz Jakubasch, Helmut-von-Gerlach-Str. 11, ✆ 165972, II
Pz Kluge, Karl-Marx-Str. 33, ✆ 121230, I
Pz Schildt, Gievitzer Str. 24, ✆ 663386, II
Pz Schmidt, Am Seeufer 8, ✆ 664617, I
Pz Senftleben, Schillerstr. 13, ✆ 122162, II
Pz Sonnet, Gievitzer Str. 62, ✆ 666177, II
Pz Szabowsky, Papenbergstr. 25, ✆ 666531, II
Pz Winkelmann, Radenkämpen 2, ✆ 668808, II
Pz Zergenge, Eldenholz 15, ✆ 120731, I
Pz Zeuschner, Unterwallstr. 4, ✆ 673485, II-IV
Fw Haus am Kölpinsee, Am Edenholz 25 b,
  ✆ 182590 oder 05245/3214, III
🛏 Jugendherberge, An der Feisneck 1a, ✆ 186900, II-III
⛺ Ferienpark Ecktannen, Fontanestr., ✆ 668513
⛺ Campingplatz Kamerun, ✆ 122406

Kargow
Pz Pfeifer, Federower Str. 4, ✆ 670187

Federow
H Gutshaus Federow, Am Park 2, ✆ 674980
Bh „Die bunde Kuh", Am Parkplatz, ✆ 670038 od. 670070

Schwarzenhof
H Nationalparkhotel Kranichenrast, ✆ 67260, V

Klink
H Altes Gutshaus, Schulstr. 8, ✆ 1514-0, IV
H Müritz Hotel GmbH, Am Seeblick 1, ✆ 141855, V-VI
Pz Oesterheld, Müritzstr. 21, ✆ 122914

Jabel
PLZ: 17194; Vorwahl: 039929
Gh Toplicht, Am Ufer 1-2, ✆ 70500, III-V
Gh Zur Eibe, Dorfstr. 7, ✆ 76790, III-IV
⛺ Familiencampingplatz C91, Am Jabelschen See, ✆ 70217

Drewitz
PLZ: 17194; Vorwahl: 039929
H Jagd- und Naturparkresidenz Drewitz, Am Drewitzer See 1, ✆ 7670

Linstow
PLZ: 18292; Vorwahl: 038457
ℹ Touristinformation Krakow am See, Lange Str. 2, ✆ 22258
H van der Valk Resort Linstow, Krakower Chaussee 1, ✆ 70, V

Bornkrug
PLZ: 18292; Vorwahl: 038457
P Alte Poststation, Forststr. 14, ✆ 50269, III

Dobbin
PLZ: 18292; Vorwahl: 038457
ℹ Touristinformation Krakow am See, Lange Str. 2, ✆ 22258
P Forellenzucht Dobbin, Teichwirtschaft 5, ✆ 24238, II-III

Neu Dobbin
P Kristinhorst, Feienobjekt 4, ✆ 22678

Zietlitz
P Gutshaus Zietlitz, Serrahner Str. 2, ✆ 22243, III

Serrahn
PLZ: 18292; Vorwahl: 038457
ℹ Touristinformation Krakow am See, Lange Str. 2, ✆ 22258
H Landhaus am Serrahner See, Dobbiner Weg 24, ✆ 650, VI
P Stubencafé Pension Schmidt, Wilsener Str. 3, ✆ 60170, III

Krakow am See
PLZ: 18292; Vorwahl: 038457
ℹ Touristinformation, Lange Str. 2, ✆ 22258

Campingplatz Am Krakower See
Windfang 1 • 18292 Krakow am See
Tel: 038457/50774 Fax: 038457/50775
www.campingplatz-krakower-see.de
info@campingplatz-krakower-see.de

Stellplätze für Wohnmobil, Caravan u. Zelte • Separater Übernachtungsplatz für Caravan u. Wohnmobil • Bungalows u. Ferienwohnungen ab 1 Übernachtung • Ruhige Lage mit eigenem Badestrand • Sanitärhäuser • Kinderspielplätze Shop • ADAC Auszeichnungen • 4 Sterne DTV

H An der Seepromenade, Goethealle 2a, ✆ 23609, IV
H „Ich weiß ein Haus am See", Altes Forsthaus 2, ✆ 23273, IV
H Nordischer Hof, Am Markt 3, ✆ 5070, IV-V
H Seehotel Krakow am See, Goetheallee 1, ✆ 51900, IV
H Zum Forsthof Blechernkrug, Güstrower Chaussee 31, ✆ 51955, III
Gh Am Jörnberg, Jörnbergweg 16, ✆ 22224, IV
Gh Meyer, Güstrower Str. 2, ✆ 23586, III
Pz Haus am Mäkelberg, Güstrower Str. 4, ✆ 23586, III
Pz Landwind Ferien, Jörnbergwegw 23, ✆ 23842, III (o. Frühst.)
Pz Möller, E.-Thälmann-Str. 7, ✆ 22125, III, teilweise
Pz Schlang, Goetheallee 4, ✆ 24069, III
Pz Schünemann, Am Hexenberg 7, ✆ 22310, II
Pz Sengpiel, Alt Sammiter Damm 15a, ✆ 23207, II (o.Frühst.)
⛺ Campingplatz am Krakower See, Am Windfang 1, ✆ 507-74

Alt Sammit
PLZ: 18292; Vorwahl: 038457
P Lerchenhof, Haus 34, ✆ 23332

Groß Breesen
PLZ: 18276; Vorwahl: 038458
H Gutshotel Groß Breesen, Dorfstr. 10, ✆ 50-0, V

GÄSTEHAUS AM SCHLOSSPARK GÜSTROW
gut und günstig.

- ✔ In bester Lage mit Schlossblick
- ✔ 3 min von der Altstadt entfernt
- ✔ Bett & Bike direkt am Fernradweg
- ✔ Übernachtung ab 25€
- ✔ Zi/Du/WC/Kü/TV/Internet
- ✔ Fahrradkeller und Verleih
- ✔ Waschmaschine und Trockner

Neuwieder Weg • 18273 Güstrow
Tel.: 03843 245990
info@gaestehaus-guestrow.de
www.gaestehaus-guestrow.de

Kölln
PLZ: 18292; Vorwahl: 038451
Hh Heuhotel Meck Bio, Wassermühle, ✆ 70239, I

Bellin
PLZ: 18276; Vorwahl: 038458
P Radler Herberge, ✆ 20771

Barlachstadt Güstrow
PLZ: 18273; Vorwahl: 03843
ℹ Güstrow-Information, Domstr. 9, ✆ 01805/681068
H Kurhaus am Inselsee, Heidberg 1, ✆ 8500, VI-VII
H Upstalsboom Hotel Stadt Güstrow mit Hg Altstadt, Baustr. 8-10, ✆ 7800, V-VI
H Weinberg, Bölkower Str. 8, ✆ 83330, IV-V
H Nordik Hotel Am Tierpark, Verbindungschaussee 7, ✆ 24640, IV-V
H Gästehaus am Schlosspark, Neuwieder Weg, ✆ 245990, IV
Hg Hg Villa Camenz, Lange Stege 13, ✆ 24550, I
P Boulevard, ✆ 464460, III-IV
P Heß, Plauer Chaussee 20b, ✆ 334077, III-IV
P Kleinekorte, Ulmenstr. 4, ✆ 684866, III
P Lindenhof, Ulrichstr. 10a, ✆ 683606, II
P Sibrand Siegert, Grüner Winkel 10, ✆ 21780
Pz Fam. Bützow, ✆ 6213562
Pz Dräger, ✆ 213545
Pz Hagen, ✆ 683350
Pz Moritz, ✆ 687828

Schabernack
PLZ: 18273; Vorwahl: 03843
Jugendherberge, Schabernack 70, ✆ 840044

Groß Schwiesow
PLZ: 18276; Vorwahl: 038543
Hh Heuherberge Warkentin, Am Speicher 57, ✆ 20260, I

Gülzow
PLZ: 18273; Vorwahl: 03843
H Akzent Hotel Am Krebssee, Boldebucker Weg 5, ✆ 7600, III-IV
Gh Am Schloßpark, Neuwieder Weg, ✆ 245990

Bützow
PLZ: 18246; Vorwahl: 038461
ℹ Touristinformation, Am Markt 1, ✆ 50120
H Am Markt, Am Markt 11, ✆ 56000, IV
H Bützower Hof, Langestr. 9, ✆ 52136, III
Gh Stadtzentrum, Langestr. 31, ✆ 3084, II-III
P Seehof, Seehof 3, ✆ 52872, III
P Am Stadtpark, Am Stadtpark 29, ✆ 2212 u. 65009, II-III
△ Wasserwandererrastplatz, Am Bützower See, ✆ 0173/7542810

Schwaan
PLZ: 18258; Vorwahl: 03844
ℹ Tourist-Information, Mühlenstr. 12, ✆ 8917-92, Buchungsservice
H Deutsches Haus, Mühlenstr. 1, ✆ 810145, II

Pz Draeger, Rostocker Str. 24, ✆ 814247, II (o. Frühst.)
Pz Heller, Alte Weide 44, ✆ 812506
Pz Jungkans, Mühlenstr. 5, ✆ 813616, II (o. Frühst.)
Pz Klück, Gr. Bergstr. 22, ✆ 811537, II (o. Frühst.)
Pz Marten, Feldstr. 60, ✆ 813788, II (o. Frühst.)
Pz Matuschek, Lindenbruchstr. 33, ✆ 814384, II (o. Frühst.)
Pz Olschewski, August-Bebel-Str. 15, ✆ 813945, II (o. Frühst.)
Pz Schippert, Fritz-Reuter-Str. 24, ✆ 891638, II (o. Frühst.)
Pz Schröder, Vorbecker Landweg 21, ✆ 810966
Pz Schwensfeier, Hauotstr. 3a, ✆ 20515

GPS Koordinaten:
Straße: N 53.55.10.6 • E 012.06.49.1
www.campingplatz-schwaan.de
info@campingplatz-schwaan.de
Tel. +49 3844 813716 • Fax +49 3844 814051

Hautsaison (20.06. - 14.09.08): Zelt bis 4 m² inkl. 1 Pers. + Fahrrad 8,00 €, je weitere Pers. 4.- €, Kind 2,50 € (3-14J)
Mobilheime/Chalets ab 59,00 € für 2 Personen,
Nebensaison: Zelt bis 4 m² inkl. 1 Pers. + Fahrrad 7,00 €, je weitere Pers. 3,50 €, Kind 2,00 € (3-14J)
Mobilheime/Chalets ab 39,00 € für 2 Personen
Kiosk/Gaststätte, Frühstück ab 2,30 €-3,50 €

Bregninge
▲ Østfalsters Familiecamping, Tværmosevej 2, ✆ 54445219, I

Vindebæk
PLZ: 4850
▲ Naturlagerplatz, Slotshavevej 5, I

Vordingborg (DK)
PLZ: 4760
🛈 Touristinfo Danmarks Borgcenter, Slotsruinen 1, ✆ 55341111
P Holberggård, Strandgårdsvej 8, ✆ 55387038

Slotstorvet
H Kong Valdemar, Algade 522, ✆ 55343095

Vinterbølle
▲ Naturlagerplatz, ✆ 55353398

Bakkebølle
▲ Naturlagerplatz, Strandgaardsvej 30, ✆ 55343516

Bogø By (DK)
PLZ: 4760
🛈 Møn Touristburo, 4780 Stege, Storegade 2, ✆ 55860400
BB Petersen, Ålborgvej 35, ✆ 55894001

Tostenæs (DK)
PLZ: 4792
Bh Rasmussen, Lusmosevej 23, ✆ 55826262, IV-V

Askeby (DK)
PLZ: 4792

H Damme Kro, Fanefjordgade 162, ✆ 55817535
BB Larsen, Hårbollevej 70, ✆ 55817262
Bh Poulsen, Fanefjordgade 46, ✆ 55817171, II
Pz Renate eg H.W. Kreisel, Ymphehavevej 18, ✆ 55817608
▲ Strand Camping Vestmøn, Hårbøllevej 87, ✆ 55817545

Vindebæk
BB Slotthavegaard, Slotshavevej 18, ✆ 55817215

Damsholte (DK)
PLZ: 4792
BB Olsen, Grønsundsvej 251, ✆ 55816343

Stege (DK)
PLZ: 4780
🛈 Touristinformation, Storegade 2, ✆ 55860410
H Præstekilde, Klintevej 116, ✆ 55868788, V-VI, 5 km außerhalb der Stadt
P Elmehøj, Kirkebakken 39, ✆ 55813535
BB Rasmussen, Klintevej 15, ✆ 55814729

Borre
BB Tiendegaarden, Sønderbyvej 29, ✆ 55812126, II-III
▲ Møns Klingt, Klintevej 544, ✆ 55812025,I

Hovedskovgård
Bh Hansen, Hovedskovvej 10, ✆ 55814577, II

Tøvelde
Bh Holm, Søndersogsvej 44, ✆ 55811945, II-III

Keldby
Bh Jensen, Klintevej 101, ✆ 55813138, III

▲ Møns Familie Camping, Pollerupvej 3, ✆ 55813456, I

Østermarke
Bh Winther, Oregaardsvej 3, ✆ 55813168, II-IV

Møn
▲ Camping Mønbroen, ✆ 55814070,I
▲ Stege Camping, Falckvej 5, ✆ 55818404
▲ Camping Ulvshale Strand, Ulvshalevej 236, ✆ 55815325

Koster (DK)
PLZ: 4780
▲ Camping Mønbroen, Kostervej 88, ✆ 55814070

Kalvehave (DK)
PLZ: 4771
BB Rita & Miller, Vandværksvej 25, ✆ 55388349

Præstø (DK)
PLZ: 4720
H Frederiksminde, Klosternakken 8, ✆ 55909030
H Fjordkroen Elnasminde, Bækkeskovstræde 23, ✆ 55965810
▲ Præstø Camping, Spangen 2, ✆ 55991148

Faxe Ladeplads (DK)
PLZ: 4654
🛈 Tourist-Information, Postvej 3, ✆ 56716034
BB Slangerupgård, Elmuevej 32, ✆ 56717444, VI
BB Gry, Nylandsvej 5, ✆ 56717641
▲ Faxe Ladeplads Camping, Hovedgaden 87, ✆ 56716520

BB Kimpa, Hasselvej 6, ✆ 61716550
BB Casa Betula, Hestehavevej 5B, ✆ 56717781

Ll. Elmue
BB Folehavegård, Folehaven 3, ✆ 56716502 od. 40192842

Strandlodshuse (DK)
▲ Faxehus Efterskole Naturlagerplatz, Strandstræde 3

Faxe (DK)
PLZ: 4640
🏠 Vandrerhjem, Østervej 4, ✆ 56714181

Feddet (DK)
▲ Feddet Camping, Feddet 12, ✆ 56725206

Vemmetofte (DK)
PLZ:4640
BB Skovfogestedet, Ny Strandskov 4, ✆ 56710227, II
▲ Vemmetofte Strand Camping, Ny Strandskov 1, ✆ 56710226

Store Spjellerup (2 km nördlich)
PLZ:4653
▲ Lægårdens Camping, Vemmetoftevej 2a, ✆ 56710067

Rødvig (DK)
PLZ:4673
🛈 Tourist-Information Stevns, Havnevej 21, ✆ 56506464
H Rødvig Kro, Østersøvej 8, ✆ 56506098, V-VI
BB Damgården, Rødvigvej 63, ✆ 56507032, II
BB Dalumgaard, Rødvigvej 61, ✆ 56508100

BB Eghuset, Strandstræde 15, ✆ 56506477
BB Sorensen, Havnepladsen 10, ✆ 56506303
BB Strandholm, Klintevej 28, ✆ 43601003 od. 24946228, II
▲ Rødvig Camping Stevns, Højstrupvej 2a, ✆ 56506755
▲ Naturlagerplatz Andersen, Rødvigvej 63, ✆ 56507032

Store Heddinge (DK)
PLZ:4660
🏠 Jugendherberge, Ved Munkevænget 1, ✆ 502022

Højerup (DK)
BB Klintgården, Hærvejen 24, ✆ 56510051, IV
BB Mølleager, Højerup Bygade 7, ✆ 56510288

Mandehoved (DK)
▲ Naturlagerplatz Marquardsen, Rengevej 19, ✆ 56503254
▲ Naturlagerplatz, Mandehoved 10a

Strøby (DK)
PLZ:4671
BB Thorsen, Nøddestien 1, ✆ 56577133
BB Stevns, Strandvejen 27, ✆ 21706385
▲ Stevns Camping, Strandvejen 29, ✆ 56577003

Vallø (DK)
PLZ:4671
H Vallø Slotskro, Slotsgade 1, ✆ 56267020

Køge (DK)
PLZ:4600
ℹ Tourist-Information, Vestergade 1, ✆ 56676001
H Niels Juel, Toldboldvej 20, ✆ 56631800, VI
H Hvide Hus, Strandvejen 111, ✆ 56653690, VI
H Søvilla Kro og Motel, Københavnsvej 255, ✆ 56661514
BB Danry, Vordingborgvej 14, ✆ 61354628
BB Hellestedet, Havbovej 4, ✆ 70227779
BB Nielsen, Nyportstræde 35b, ✆ 56657165
BB Rasmussen, Ernasvej 8, ✆ 56653940
BB Stahl Hansen, Johannevej 12, ✆ 56635304
🏠 Jugendherberge, Vamdrupvej 1, ✆ 56676650
▲ Køge Sydstrand Camping, Sdr. Badevej, ✆ 56650769
▲ Vallø Stifts Camping, Strandvejen 102, ✆ 56652851

Solrød Strand
PLZ:2680
BB Callesen, Spurvej 4, ✆ 56145181, III

Karlslunde Strand (DK)
PLZ:2690
H Karlslunde Strand Feriecenter, Karlslunde Strandvej 87, ✆ 46160101, VI

Greve (DK)
PLZ:2670
ℹ Hafen und Touristbüro, Hajren 24, ✆ 43908618

H Tune Kursuscenter, Grevevej 20, ✆ 43410371
H Strand Motellet, Greve Strandvej 11, ✆ 43901130
BB Sabrina & Tore, Greve Strandvej 18c, ✆ 70269686
▲ Hundige Strand Familiecamping, Hundige Strandvej 72, ✆ 43903185

Ishøj (DK)
PLZ:2635
ℹ Tourist-Information, Ishøj Store Torv 4, ✆ 43577257
H Ishøj Hotel, Ishøj Nørregade 1, ✆ 43541233
Pz Claus Funch Pedersen, Torslundevej 117, ✆ 43996299
BB Kisling, Tranegilde Strandvej 37, ✆ 43733537
BB Møller, Jægerbuen 49, ✆ 43543590
BB Andersen, Ørnekærs Væge 156, ✆ 43738835
BB Skovgaardens Bondegårdsferie, Torslundevej 120, ✆ 43990843
🏠 Jugendherberge, Ishøj Strandvej 13, ✆ 43535015 od. 43530223
▲ Ishøj Strand Camping, Ishøj Strandvej 13, ✆ 43535015

Ishøj Havn
▲ Tangloppen FDM, Tangloppen 2, ✆ 43540767

Kopenhagen/København (DK)
PLZ:1610

ℹ Wonderful Copenhagen Tourist Information, Bernstorffgade 1, ✆ 0045/70222442 Buchungsservice
PLZ:1466
ℹ Use It, Radhusstrade 13, ✆ 0045/33730620
Sleep-Ins
City Public Hotel Vesterro, Absolonsgade 8, ✆ 0045/33312070 (Mai-Aug.)
Copenhagen Sleep-in, Blegdamsvej 132, ✆ 0045/35265059 (Juli-Sept.)
Sleep-in Heaven, Struenseegade, ✆ 0045/35354648 (ganzjährig)
Sleep-in Fact, Valdemarsgade 14, ✆ 0045/33796779 (Juni-Sept.)
Vesterbros Interpoint, Valdemarsgade 15, ✆ 0045/33311574 (Juli-Nov.)
Sleep-in Green, Ravnsborggade 18, ✆ 0045/35377777 (Juli-Sept.)
Jørgensens Hotel, Rømergade 11, ✆ 0045/33138186 (ganzjährig)
PLZ:2300
🏠 Danhostel Kopenhagen Amager, Vejlandsallé 200, ✆ 0045/32522908
PLZ:1553
🏠 Danhostel Kopenhagen City, H.C. Andersens Boulevard 50, ✆ 0045/33188332

Pz Serviak, Rud.-Breitscheid-Str. 9, ✆ 813109, II (o. Frühst.)
Pz Tkotsch, Markt 25, ✆ 813784, II (o. Frühst.)
Pz Zabel, Große Bergstr. 13,, ✆ 810228 (o. Frühst.)
Pz Schröder, Loxstedter Str. 41, ✆ 813805, II (o. Frühst.)
Pz Wolf, Marienstr. 58, ✆ 890309, II (o. Frühst.)
🅰 Ausbildungs- und Umschulungszentrum GmbH, Bützower Str. 65a, ✆ 813724, II
🅰 Sandgarten-Camp, ✆ 813716

Bandow
Pz Der Schulzenhof, Dorfstr. 22, ✆ 811260, II (o. Frühst.)

Bröbberow
Pz Bruck, Hauptstr. 33, ✆ 813392, II (o. Frühst.)

Kassow
Pz Schwensfeier, Hauptstr. 3a, ✆ 038453/20515, II (o. Frühst.)

Letschow
Pz Pannwitt, Dorfstr. 16, ✆ 811364, II (o. Frühst.),

Friedrichshof
PLZ: 18299; Vorwahl: 038454
Gh Hohen Sprenz, Haus Nr. 169, ✆ 20814
P Herrenhaus Friedrichshof, Kastanienallee 7, ✆ 20841
Pz Niekrenz, Mecklenburger Kuhl 12, ✆ 20867

Groß Grenz
Pz Nauenburg, Dorfstr. 26, ✆ 812251, II (o. Frühst.)

Zeez
Pz Borbe, Zum Denkmal 40, ✆ 891227, II

Rostock
PLZ: 18055; Vorwahl: 0381
🛈 Tourismuszentrale, Neuer Markt 3, ✆ 3812-222 Buchungsservice
🛈 Tourismusverband Mecklenburg-Vorpommern, Platz der Freundschaft 1, ✆ 0180/5000223 Buchungsservice
H Brickmansdorf, Katt-un-Mus-Weg 1, ✆ 659090, IV
H Courtyard by Marriot - Rostocker Hof, Schwaansche Str. 6, ✆ 4970-0, VI
H Die kleine Sonne, Steinstr. 7, ✆ 46120, V 🚲
H Hinter City Hotel Rostock, Herweghstr. 51, ✆ 4950-0, V-VI

… einfach mal einen Gang runterschalten
- 3-Sterne Hotel garni, Bed & Bike
- Direkt in der Innenstadt am Rathaus gelegen
- 48 moderne Zimmer
- Hotelbar
- Fahrradkeller
- Tiefgarage vis-à-vis

Die kleine Sonne
Steinstraße 7
18055 Rostock
Telefon: +49 381 4612 0
www.die-kleine-sonne.de

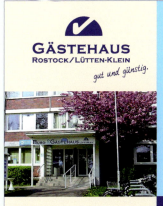

GÄSTEHAUS
ROSTOCK/LÜTTEN-KLEIN
gut und günstig.

✔ zwischen City, W'münde & Hafen
✔ ÖPNV direkt vor der Tür
✔ EZ, DZ, MZ/ DU/ WC/ KÜ/ TV
✔ Bett & Bike Station
✔ Fahrradkeller
✔ Übernachtung ab 25€
✔ Gruppenangebote

Warnowallee 23 • 18107 Rostock
Tel.: 0381 776970
info@gaestehaus-rostock.de
www.gaestehaus-rostock.de

H Trihotel Am Schweizer Wald, Tessiner Str. 103, ✆ 65970, VI
H Steigenberger Hotel Sonne, Neuer Markt 2, ✆ 4973-0, V-VI
P Altes Hafenhaus, Strandstr. 93, ✆ 493011-0, V
P City, Krönkenhagen 3, ✆ 252260, III-IV
P Nielsen, Lindenbergstr. 10, ✆ 490 88 18, III
Pz Kaschewski, Augustenstr. 49, ✆ 453201, II
🅰 Jugendherberge, Infos: Georg Büchner e. V. Liegeplatz Stadthafen, ✆ 6700320
🅰 Bräckföst Hostel, Beginenberg 25, ✆ 4443858 🚲
H Ibis, Warnowufer 42/43, ✆ 242210, III-VI
H Landhotel Rittmeister, Biestower Damm 1, ✆ 666733-0, IV-V,
Hg MS Georg Büchner (Schiff), Am Stadthafen 72, ✆ 670032-0, III
P Am Doberaner Platz, Doberaner Str. 158, ✆ 49283-0, IV-V
🅰 Hanse-Hostel Rostock, Doberaner Str. 136, ✆1286006 🚲
H An der Stadthalle, Platz der Freundschaft 3, ✆ 405200, IV-V
PLZ: 18069
H Elbotel, Fritz-Triddelfitz-Weg 2, ✆ 8088-0, V-VI
PLZ: 18107
Pz Gästehaus Lütten Klein, Warnowallee 23, ✆ 776970, I-II

PLZ: 18109
H Troika, Alte Warnemünder Chaussee 42, ✆ 717970, V-VI

PLZ: 18147
P Am Wiesenhang, Am Wiesenhang 16a, ✆ 668220, IV-V

Niendorf
PLZ: 18059
Gh Landgasthof Niendorf, Alter Schulweg 26, ✆ 4009166

Markgrafenheide
PLZ: 18146; Vorwahl: 0381
H Godewind, Warnemünder Str. 5, ✆ 609570, V-VI
H Heidehof, Warnemünder Str. 11, ✆ 609380, II-VI
H Markgraf, Warnemünder Str. 1, ✆ 669988, IV-VI
P Strandnest, Dünenweg 4, ✆ 2060950, IV-VI
P Uns Eck, Waldsiedlung 11a, ✆ 669900, III-V
🏠 Ostsee-Ferienzentrum Markgrafenheide, Budentannenweg 10, ✆ 669955
⛺ baltic-Freizeit, Dünenweg 27, ✆ 800314

Neuhinrichsdorf
P Zum Anker, Haus 9, ✆ 6863355, III-IV

Bentwisch
PLZ: 18182
H Land-gut-Hotel Hermann, Albertsdorf 13, ✆ 6667666, V, 3 km östlich
P Hermann, Am Berg 2a, ✆ 681661, IV, 3 km östlich

Sievershagen
PLZ: 18107

H Atrium Hotel Krüger, Ostseeparkstr. 2, ✆ 8002343, V-VI

Warnemünde
PLZ: 18119; Vorwahl: 0381
ℹ️ Tourist-Information, Am Strom 59, ✆ 548000
H Fischerhus, Alexandrinenstr. 17, ✆ 548310, III-V
H Parkhotel Seeblick, Strandweg 12a, ✆ 519550, IV-V
H Stolteraa, Strandweg 17, ✆ 54320, V
H Warnemünder Hof, Stolteraer Weg 8, ✆ 54300, V-VII
P Antik Pension Birnbom, Alexandrinenstr. 57, ✆ 548160, IV-V
P Zum Kater, Alexandrindenstr. 115-116, ✆ 548210, IV-V
P Ostseepension Warnemünde, John-Brinkman-Str. 3, ✆ 5192832, III-IV
🏠 Jugendherberge, John-Brinkman-Str. 3, ✆ 5192832, III-IV

Gedser (DK)
PLZ: 4874
ℹ️ Tourist-Information, Gedser Landevej 79, ✆ 54136298
H Ferienpark, Vestre Strandvej 2, ✆ 54179999
H Gedser, Langgade 59, ✆ 54171708, VI
⛺ Naturlagerplatz, Gedesby Strand,

Marielyst (DK)
PLZ: 4873

ℹ️ Tourist-Information, Marielyst Strandpark 3, ✆ 54136298
H Kimerlund Feriecenter, Stovby Ringvej 6, ✆ 54132520
H Marielyst Strand, Marielyst Strandvej 61, ✆ 54136888, V-VI
H Nørrevang, Marielyst Strandvej 32, ✆ 54136262, VI
BB Boesminde, Stovby Tværvej 11, ✆ 54177589, II
BB Marielund, Stovby Ringvej 8, ✆ 54134419, V
⛺ Laxenborg Camping, Laksenborgvej 20, ✆ 54136289
⛺ Marielyst Camping, Marielyst Strandvej 36, ✆ 54135307
⛺ Østersøparken, Bøtøvej 243, ✆ 54136786
⛺ Smedegårdens Camping, Bøtøvej 5, ✆ 54136786

Væggerløse (DK)
PLZ: 4873
ℹ️ Tourist-Information Marielyst, Marielyst Strandpark 3, ✆ 54136298
Gh Kjørups Kro, Bøtø Møllevej 2, ✆ 54136243
BB Marielund, Stovby Ringvej 8, ✆ 54134419, III

Hasselø (DK)
PLZ: 4800
⛺ Naturlagerplatz, ✆ 54850052

Nykøbing (DK)
PLZ: 4800
ℹ️ Tourist-Information, Østergågade 7,

✆ 54851303
H Falster, Skovalléen, ✆ 54859393, VI
H Motel Liselund, Lundevej 22, ✆ 54851566, VI
H Sam Hotels, Vibehaven 500, ✆ 54882700, VI
🏠 Jugendherberge, Østre Alle 110, ✆ 54856699
⛺ Nykøbing F. Camping, Østre Allé 112, ✆ 54854545

Sundby
BB Christiansen, Rosenvej 1, ✆ 54859020

Idestrup (DK)
PLZ: 4872
BB Ponyhof Møllegården, Møllestræde 4, ✆ 54148685, III

Sillestrup Strand
⛺ Marielyst Ny Camping, Sillestrup Øvej 14a, ✆ 54130243

Ulslev (DK)
PLZ: 4872
⛺ Campinggården Ulslev Strand, Strandvejen 3, ✆ 54148350, I

Stubbekøbing (DK)
PLZ: 4850
ℹ️ Tourist-Information, Vestergade 43, ✆ 54441304
H Elverkroen, Vestergade 39, ✆ 54441250, VI
Pz Anita, Vestergade 38, ✆ 54441804
⛺ Stubbekøbing Camping, Gl. Landevej 4, ✆ 54441057

Ortsindex

Einträge in *grüner* Schrift beziehen sich aufs Übernachtungsverzeichnis.

A

Altglobsow	*142*
Alt Sammit	80, *145*
Ankershagen	66, *144*
Askeby	*149*
Åstrup	104

B

Babke	*144*
Bakkebølle	*149*
Bandow	87, *147*
Barlachstadt Güstrow	81, *146*
Bellin	80, *146*
Benitz	88
Bentwisch	*148*
Berlin	17, *139*
Berlin-Charlottenburg	24
Berlin-Spandau	27
Bernöwe	34
Birkenwerder	30, *140*
Bischofswerder	36, *140*
Blankenförde	64, *143*

Bogø By	110, *149*
Boltenhof	*142*
Borgsdorf	30
Bornkrug	*145*
Borre	*149*
Bredereiche	48, *142*
Bregninge	*149*
Bröbberow	*147*
Brøndby Strand	132
Bürgerablage	28
Burgwall	41, 42, *141*
Bützow	84, *146*

C

Canow	*143*

D

Dalmsdorf	66, *144*
Damerow	72
Damsholte	*149*
Dannenwalde	48, *142*
Dobbin	*145*
Drewitz	74, *145*
Drosedow	*143*

F

Fakse Ladeplads	118

Fanefjord	112
Faxe	*149*
Faxe Ladeplads	*149*
Feddet	*149*
Federow	68, *145*
Freidorf	68, *144*
Friedrichsfelde	68
Friedrichshof	*147*
Friedrichsthal	34
Fürstenberg	51
Fürstenberg/Havel	*142*

G

Gedesby	98
Gedser	98, *148*
Gjorslev	124
Gransee	38, *141*
Granzin	64, *144*
Greve	129, *150*
Grønsund	104
Großmenow	55
Groß Breesen	80, *145*
Groß Dratow	68
Groß Grenz	*147*
Groß Quassow	59, *143*
Groß Schwiesow	*146*

Groß Stowe	88
Gülzow	*146*

H

Halskov Vænge	104
Hammer	*140*
Hårbøllebro	112
Hasselø	*148*
Hennigsdorf	*140*
Henningsdorf	30
Hesnæs	104
Himmelpfort	50, *142*
Hohenschöpping	*140*
Hohen Neuendorf	30, *140*
Højerup	120
Højerup (DK)	*150*
Hovedskovgård	*149*
Hundige	130

I

Idestrup	102, *148*
Ishøj	130, *150*
Ishøj Havn	*150*

J

Jabel	74, *145*
Jægersborg Statskov	132

Jersie	128
Johannesruh	*143*

K

Kalvehave	116, *149*
Kargow	68, *145*
Karlslunde	129, *150*
Karlstrup	129
Kassow	*147*
Keldby	*149*
Kildebrønde	129
Kirch Rosin	81
Kleinzerlang	*142*
Klein Quassow	*143*
Klink	72, *145*
København	134, *150*
Køge	126, *150*
Kölln	*146*
Kolonie Briese	30
Kopenhagen	134, *150*
Koster	112, *149*
Krakow am See	78, *145*
Kratzeburg	66, *144*
Kreuzbruch	*140*
Krewelin	36

L

Lehnitz	30, *140*
Letschow	*147*
Liebenwalde	34, *140*
Lille Skensved	128
Linstow	76, *145*
Liseby	114
Ll. Elmue	*149*
Loppin	74
Löwenberger Land - Falkenthal	*141*

M

Malz	*140*
Mandehoved	124, *150*
Marielyst	98, *148*
Marienthal	42
Markgrafenheide	*148*
Menz	46, *141*
Mildenberg	41, *141*
Møn	*149*
Mühl Rosin	81

N

Neu-Canow	56
Neu-Drosedow	56

Neuglobsow	54,*142*	Rostock	90,*147*	Sundby	*148*	**Z**	
Neuhinrichsdorf	*148*	**S**		**T**		Zabelsdorf	42
Neuholland	*141*	Sandvig	116	Tornow	*141*	Zechlinerhütte	*142*
Neustrelitz	59,*143*	Schabernack	*146*	Tostenæs	*149*	Zeez	*147*
Neu Dobbin	*145*	Schwaan	87,*146*	Tøvelde	*149*	Zehdenick	36,*141*
Nieder Neuendorf	28	Schwarzenhof	*145*	Tromnæs Skov	102	Zernikow	44,*141*
Niendorf	88,*148*	Seewalde	56	**U**		Zietlitz	76,*145*
Nørre Alslev	106	Seilershof	44,*141*	Ulslev	102,*148*	Zwenzow	64,*143*
Nykøbing	100,*148*	Serrahn	78,*145*	Userine	64		
Nyråd	108	Sievershagen	*148*	**V**			
O		Sillestrup Strand	148	Væggerløse	100,*148*		
Ølby	128	Skelby	98	Vallø	*150*		
Oranienburg	32,*140*	Skibinge	116	Valløby	126		
Østermarke	*149*	Slotstorvet	*149*	Vemmetofte	118,*149*		
P		Søborg	105	Viemose	116		
Passin	86	Solrød	128,*150*	Vindebæk	*149*		
Pian	50	Sprove	112	Vinterbølle	*149*		
Pieverstorf	66	Stege	114,*149*	Volkspark Jungfernheide	25		
Præstø	116,*149*	Steinförde	54,*142*	Vordingborg	106,*149*		
Prälank	*143*	Stensby	108	**W**			
Priepert	*143*	Store Damme	112	Waren (Müritz)	70,*144*		
R		Store Heddinge	122,*150*	Warnemünde	94,*148*		
Ramin-Stich	41	Store Spjellerup	*149*	Wendefeld	*141*		
Rekkende	116	Strandlodshuse	*149*	Wendorf	68,*144*		
Rheinsberg	46,*141*	Strasen	56,*142*	Wentow	*141*		
Røddinge	112	Strøby	*150*	Wesenberg	56,*143*		
Rødvig	120,*149*	Stubbekøbing	105,*148*	Wustrow	*143*		

Danke

Dank an alle, die uns bei der Erstellung dieses Buches tatkräftig unterstützt haben, im besonderen an: Brunhild Brömel; Anton Dick; Dr. Annette Fabian; Torsten Franik; Inge Gehrmann; Klaus Jantzen; Doris Keller; Birgit Klinner; Jürgen Richter; B. Ritteress; Christiane Thiel; Wolfgang Watter; Georg Wilhelm; Klaus-Dieter Fanta, Dornhan; P. A. Gossrau; Fam. Lange; Doris und Erich Walke, Altdorf; Wolfgang Staude, Berlin; Joachim Burgheim; Helga Ruhstein; Gerhard Petrovcic, Leoben; Manfred Demnitz; Martin Reinhard, Basel; Carola Pfützner, Taunusstein; Sigrid Tempel, Berlin; Ullrich Hahm; Birgit Baehr, Amsterdam; Jörg Senße, Schmergow; Hans Jürgen Werner; Hella und Rudi Brandt, Lübeck; Barbara Barmeyer, Newport; Andreas Born, Münsingen/Schweiz; Norbert Mühlich; Helga Börst; Matthias Junge, Leipzig; Matthias Dubbert, Diekholzen; Claudia Lohrenscheit; Ueli und Ursula Blaser, Langnau/Schweiz; Norbert Meinerzhagen; Hennef; Ralf Jungblut, Paderborn; Alfred und Rante Puschmann; Ulrich Scherzer; Günter Haerer; Karl-Heinz Flohr; Uwe Drendel, Korb; Friedhelm Ernst; Dr. Heinz Schmidt, Bamberg;